STRAFFELOVEN 1902

INNHOLD:

Første Del. Almindelige Bestemmelser.

Indledende bestemmelser.
§§ 1, 2, 3, 4, 5, 6, 7, 8, 9, 10, 11.

1ste Kapitel.
  Den norske Strafferets Virkekreds.
  §§ 12, 12a, 13, 14.

2det Kapitel.
  Straff og andre rettsfølger.
  §§ 15, 16, 17, 18, 19, 20, 21, 22, 23, 24, 25, 26,
  26a, 27, 28, 28a, 28b, 28c, 29, 33, 33a, 34, 34a, 35,
  36, 37, 37a, 37b, 37c, 37d, 38, 39, 39a, 39b, 39c,
  39d, 39e, 39f, 39g, 39h.

3die Kapitel.
  Betingelser for Strafbarhed.
  §§ 40, 41, 42, 43, 44, 45, 46, 47, 48.

Kapittel 3 a.
  Straffansvar for foretak.
  §§ 48a, 48b.

4de Kapitel.
  Forsøg.
  §§ 49, 50, 51.

5te Kapitel.
    Om betinget dom og om grunner til at straffen kan settes ned eller forhøyes.
    §§ 52, 53, 54, 54a, 55, 56, 57, 58, 59, 60, 60a, 61, 62, 63, 64, 65.

6te Kapitel.
    Opphør av straff og andre rettsfølger.
    §§ 66, 67, 68, 68a, 69, 70, 71, 72, 73, 73a, 73b, 74, 75, 76.

7de Kapitel.
    Paatalen.
    §§ 77, 78, 79, 80, 81, 82.

Anden Del. Forbrydelser.

8de Kapitel.
    Forbrydelser mod Statens Selvstændighed og Sikkerhed.
    §§ 83, 84, 85, 86, 86a, 86b, 87, 88, 89, 90, 91, 91a, 92, 93, 94, 95, 96, 97, 97a, 97b, 97c

9de Kapitel.
    Forbrydelser mod Norges Statsforfatning og Statsoverhoved.
    §§ 98, 99, 99a, 100, 101, 102, 103, 104, 104a.

10de Kapitel.
    Forbrydelser med Hensyn til Udøvelsen af statsborgerlige Rettigheder.
    §§ 105, 106, 107, 108.

11te Kapitel.
   Forbrydelser i den offentlige Tjeneste.
   §§ 110, 111, 115, 116, 117, 117a, 118,119, 120, 121, 122, 123, 124, 125.

12te Kapitel.
   Forbrydelser mod den offentlige Myndighed.
   §§ 127, 128, 129, 130, 131, 132, 132a, 132b, 133, 134.

13de Kapitel.
   Forbrydelser mod den almindelige Orden og Fred.
   §§ 135, 135a, 136, 137, 138, 139, 140, 141, 142, 143, 144, 145, 145a, 145b, 145c, 146, 147.

14de Kapitel.
   Almenfarlige Forbrydelser.
   §§ 135, 135a, 136, 137, 138, 139, 140, 141, 142, 143, 144, 145, 145a, 145b, 145c, 146, 147147a, 147b, 147c, 148, 149, 150, 151, 151a, 151b, 152, 152a, 152b, 153, 154, 154a, 155, 156, 157, 158, 159, 160, 161, 162, 162b, 162c.

15de Kapitel.
   Falsk Forklaring.
   §§ 163, 165, 166, 167.

16de Kapitel.
   Falsk Anklage.
   §§ 168, 169, 170, 171, 172, 173.

17de Kapitel.
   Pengefalsk.
   §§ 174, 175, 176, 177, 178.

18de Kapitel.
    Dokumentfalsk.
    §§ 179, 180, 181, 182, 183, 184, 185, 186, 187, 188, 189, 190, 190a.

19. kapittel.
    Seksualforbrytelser.
    §§ 192, 193, 194, 195, 196, 197, 198, 199, 200, 201, 201a, 202, 202a, 203, 204, 204a, 205, 206, 207, 208.

20de Kapitel.
    Forbrydelser med Hensyn til Familieforhold.
    §§ 215, 216, 217, 218, 219, 220.

21de Kapitel.
    Forbrydelser mod den personlige Frihed.
    §§ 222, 223, 224, 225, 226, 227.

22de Kapitel.
    Forbrydelser mod Liv, Legeme og Helbred.
    §§ 228, 229, 231, 232, 233, 233a, 234, 235, 236, 237, 238, 239, 240, 241, 242, 243, 244, 245.

23de Kapitel. Ærekrænkelser.
    §§ 246, 247, 248, 249, 250, 251, 252, 253, 254.

24de Kapittel.
    Underslag, Tjueri og ulovlig bruk.
    §§ 255, 256, 257, 258, 260, 261, 262, 264.

25de Kapitel.
    Udpresning og Ran.
    §§ 266, 267, 268, 269.

26. kapittel.
   Bedrageri, utroskap og korrupsjon.
   §§ 270, 271, 271a, 272, 273, 274, 275, 276, 276a, 276b, 276c, 277, 278, 280.

27de Kapitel.
   Forbrydelser i Gjeldsforhold m.m.
   §§ 281, 282, 283, 284, 285, 286, 287.

28de Kapitel.
   Skadeverk.
   §§ 291, 292, 293, 294, 294a.

29de Kapitel.
   Aager og Lykkespil.
   §§ 295, 296, 298, 299, 300.

30te Kapitel.
   Forbrydelser i Sjøfartsforhold.
   §§ 301, 306, 307, 308, 310, 311, 313, 314, 316.

31te Kapitel.
   Heleri og hvitvasking.
   §§ 317, 318,

32te Kapitel.
   Forbrydelser i trykt Skrift.
   Opphevet.

Tredje Del. Forseelser.

33te Kapitel.
Forseelser i den offentlige Tjeneste.
§§ 324, 325.

34te Kapitel.
Forseelser mod den offentlige Myndighed.
§§ 326, 327, 328, 329, 330, 332, 333, 334, 335, 336, 337, 338, 339, 340, 341, 342, 343, 344, 345, 346.

35te Kapitel.
Forseelser mod den almindelige Orden og Fred.
§ 347, 349, 349 a, 350, 351, 352, 352 a, 353, 354, 355, 356.

36te Kapitel.
Forseelser med Hensyn til den almindelige Sundhed.
§§ 357, 359, 360, 361, 362, 363, 364, 365.

37te Kapitel.
Forseelser mod den almindelige Tillid.
§§ 367, 368, 369, 370, 371, 372, 373.

38te Kapitel.
Forseelser mod Sædelighed.
§§ 382, 383.

39te Kapitel.
Forseelser mod person.
§§ 384, 385, 387, 388, 389, 390, 390a.

40de Kapitel.
 Forseelser mod Formuesrettigheder.
 §§ 391, 391a, 392, 393, 394, 395, 396, 397,
 401, 402, 403, 404, 405, 405a, 406, 407, 408.

41de Kapitel.
 Forseelser med Hensyn til privat Tjenesteforhold.
 §§ 409, 410, 411, 412, 413.

42de Kapitel.
 Forseelser i Sjøfartsforhold.
 §§ 414, 415, 417, 418, 419, 421, 423, 425,
 425a, 426.

43de Kapitel.
 Forseelser, forøvede ved trykt Skrift.
 §§ 428, 429, 430, 430a, 431, 432, 433, 434, 435,
 436.

••◆••

Almindelig borgerlig Straffelov.

Lov 22.05.1902 nr. 10.
(Sist endret ved lov 21.06.2013 nr. 85 i kraft straks).

Første Del. Almindelige Bestemmelser.

Indledende Bestemmelser.

§ 1. Denne Lovs første Del finder, forsaavidt intet modsat er bestemt, Anvendelse paa alle strafbare Handlinger.

Straffelovgivningen gjelder med de begrensningene som følger av overenskomst med fremmed stat eller av folkeretten for øvrig.

§ 2. De strafbare Handlinger, som omhandles i denne Lovs anden Del, er Forbrydelser. Hvor intet modsat er bestemt, gjælder det samme om de strafbare Handlinger, som omhandles i andre Love, forsaavidt de kan medføre Fængsel over 3 Maaneder, Hefte over 6 Maaneder eller Fradømmelse af offentlig Tjeneste som Hovedstraf.

De strafbare Handlinger, som omhandles i denne Lovs tredje Del, er Forseelser; ligesaa de, som omhandles i andre Love, forsaavidt de ikke ifølge det ovenstaaende er Forbrydelser.

§ 3. Har Straffelovgivningen undergaaet Forandring i Tiden efter en Handlings Foretagelse, kommer, forsaavidt intet modsat er bestemt, de ved Foretagelsen gjældende strafferetslige Bestemmelser til Anvendelse paa Handlingen.

De ved ethvert Spørsmaals Afgjørelse gjældende strafferetslige Bestemmelser kommer til Anvendelse, naar de fører til en for sigtede gunstigere Afgjørelse end de ved Foretagelsen gjældende. Dog skal ved anke og begjæring om gjenåpning ikke tages Hensyn til Bestemmelser, der først er blevne gjældende, efterat den Afgjørelse blev truffen, i Anledning af hvilken der ankes eller begjæres gjenåpning.

Er Forfølgning eller Strafs Fuldbyrdelse lovlig paabegyndt, kommer ikke i Betragtning, at efter en senere i Kraft traadt Lov Adgangen til at paatale eller til at fuldbyrde Straffen er forældet eller Paatalen blevet afhængig af fornærmedes Begjæring eller overladt ham.

Den i en ny Lov bestemte Frist for fornærmedes Adgang til at paatale eller begjære Paatale begynder i intet Tilfælde sit Løb før fra Lovens Ikrafttræden.

§ 4. Overalt, hvor denne Lov benytter Ordet Handling, er, medmindre det modsatte udtrykkelig er sagt eller fremgaar af Sammenhængen, derunder ogsaa indbefattet Undladelse af at handle.

§ 5. Hvor denne Lov benytter Udtrykket nogens nærmeste, er herunder indbefattet hans Ægtefælle, beslægtede i lige Linje, Søskende og lige nær besvogrede, Fosterforældre og Fosterbørn samt forlovede. Er Ægteskabet opløst, begrunder det fremdeles Anvendelse af de om de nærmeste givne Regler, forsaavidt angaar Begivenheder før Opløsningen.

Som besvogret ansees ogsaa den besvogredes Ægtefælle.

Når to personer bor fast sammen under ekteskapslignende forhold, likestilles det med ekteskap.

§ 6. Under Udtrykket Løsøregjenstand indbefattes i denne Lov ogsaa enhver til Frembringelse af Lys, Varme eller Bevægelse fremstillet eller opbevaret Kraft.

§ 7. Med offentlig sted menes et sted bestemt for alminnelig ferdsel eller et sted der allmennheten ferdes.

En handling er offentlig når den er foretatt i nærvær av et større antall personer, eller når den lett kunne iakttas og er iakttatt fra et offentlig sted. Består handlingen i fremsettelse av en ytring, er den også offentlig når ytringen er fremsatt på en måte som gjør den egnet til å nå et større antall personer.

§ 8. Hvad der i denne Lov er foreskrevet for Krigstid, gjælder ogsaa, naar den væbnede Magt eller nogen Del af samme er besluttet sat paa Krigsfod.

§ 9. Ved betydelig Skade paa Legeme eller Helbred forstaaes i denne Lov Skade, hvorved nogen mister eller faar væsentlig Svækkelse paa Syn, Hørsel, Taleevne eller Evne til at forplante sin Slægt, bliver vanfør, udygtig til at fortsætte sit Erhverv eller i høi Grad vansiret, falder i livsfarlig eller langvarig Sygdom eller bliver påført alvorlig psykisk skade.

Som betydelig Skade ansees det ogsaa, naar Forbrydelsen øves mod en svanger Kvinde, og Fosteret som Følge heraf faar Skade eller gaar tilgrunde.

§ 10. Under trykt Skrift henregnes Skrift, Afbildning eller lignende, der mangfoldiggjøres ved Trykken eller paa anden kemisk eller mekanisk Maade.

Under Udgivelse forstaaes ogsaa Opslag, Udlæggelse og lignende paa offentligt Sted.

§ 11. Ved 1 Maaned forstaaes en Kalendermaaned; ved 1 Dag forstaaes 24 Timer.

Domstolsloven § 148 annet ledd og § 149 første ledd får anvendelse ved beregning av lovbestemte frister.

1ste Kapitel. Den norske Strafferets Virkekreds.

§ 12. For så vidt ikke annet er særlig bestemt, får norsk straffelov anvendelse på handlinger som er foretatt:

1. i riket, herunder

a) enhver innretning og ethvert anlegg som er plassert på den norske del av kontinentalsokkelen og som nyttes til undersøkelse etter eller utnytting eller lagring av undersjøiske naturforekomster,

b) anlegg for transport av petroleumsforekomster tilknyttet innretning eller anlegg som er plassert på den norske del av kontinentalsokkelen,

c) sikkerhetssonen rundt slike innretninger og anlegg som nevnt under a og b foran,

d) norsk fartøy (herunder norsk boreplattform eller liknende flyttbar innretning) i åpen sjø, og

e) norsk luftfartøy utenfor områder som er undergitt noen stats høyhetsrett;

2. på norsk fartøy eller luftfartøy hvor det enn befinner seg, av noen av dets besetning eller andre som medfølger fartøyet; som fartøy reknes her også boreplattform eller liknende flyttbar innretning.

3. i utlandet av norsk statsborger eller noen i Norge hjemmehørende person når handlingen

a) hører blant de som omhandles i denne lov kapittel 8, 9, 10,

11, 12, 14, 17, 18, 20, 23, 24, 25, 26 eller 33, eller §§ 135, 135 a, 140, 141, 142, 144, 145 annet ledd, 145 b, 169, 192 til 199, 202, 202 a, 203, 204 a, 222 til 225, 227 til 235, 238, 239, 242 til 245, 291, 292, 294 nr. 2, 317, 326 til 328, 330 siste ledd, 338, 342, 367 til 370, eller 423, og i hvert fall når den

b) er en forbrytelse eller forseelse mot den norske stat eller norsk statsmyndighet,

c) er straffbar også etter det lands lov i hvilket den er foretatt,

d) er foretatt overfor EFTA-domstolen og hører blant dem som omhandles i denne lov § 163 jf § 167 og § 165 eller domstolloven §§ 205 til 207,

e) er straffbar etter lov 6 mai 1994 nr 10 om gjennomføring av kjemivåpenkonvensjonen § 5,

f) skal være straffbar i henhold til FNs havrettskonvensjon 10 desember 1982 artikkel 113 (skade på undersjøiske kabler og rørledninger),

g) er straffbar etter lov 17. juli 1998 nr. 54 om gjennomføring av Konvensjonen om forbud mot bruk, lagring, produksjon og overføring av antipersonellminer og om ødeleggelse av slike miner § 5,

h) er straffbar etter lov 15. desember 1995 nr. 74 om forbud mot kjønnslemlestelse, eller

i) er straffbar etter lov 15. mai 2009 nr. 28 om gjennomføring av Konvensjonen om klaseammunisjon § 3.

4. i utlandet av utlending, når handlingen enten

a) hører blant dem som omhandles i denne lov §§ 83, 88, 89,

90, 91, 91 a, 93, 94, 98 til 104 a, 110 til 132, 147 a til 147 d, 148, 149, 150, 151 a, 152 første jf. annet ledd, 152 a, 152 b, 153 første til fjerde ledd, 154, 159, 160, 161, 162 c, 169, 174 til 178, 182 til 185, 187, 189, 190, 192 til 195, 217, 220 annet og tredje ledd, 221, 222 til 225, 227 til 229, 231 til 235, 238, 239, 243, 244, 256, 258, 266 til 269, 271, 276 til 276 c, 291, 292, 324, 325, 328, 415 eller 423 eller loven om forsvarshemmeligheter §§ 1, 2, 3 eller 5,

b) er en forbrytelse straffbar også etter det lands lov i hvilket den er foretatt, og den skyldige har bopel i riket eller oppholder seg her, eller

c) er foretatt overfor EFTA-domstolen og hører blant dem som omhandles i denne lov § 163 jf § 167 og § 165 eller domstolloven § 205 til 207, eller

d) går inn under lov av 13. juni 1997 nr. 47 om gjennomføring av europarådsavtale 31. januar 1995 om ulovlig håndtering av og handel med narkotika og psykotrope stoffer til sjøs.

I tilfelle, hvor en handlings straffbarhet avhenger eller påvirkes av en inntrådt eller tilsiktet virkning, betraktes handlingen som foretatt også der hvor virkningen er inntrådt eller tilsiktet framkaldt.

§ 12 a. Når det overfor en person er avsagt endelig dom som går inn under

1. lov 20. juli 1991 nr. 67 om overføring av domfelte

2. lov 25. mars 1977 nr. 22 om overføring av straffeforfølging fra eller til annet europeisk land eller

3. internasjonal avtale innenfor Schengensamarbeidet

kan ikke straffesak reises eller straffedom avsis her i riket for samme straffbare forhold, såframt

a) han ble frifunnet;

b) han ble funnet skyldig uten at det ble fastsatt noen sanksjon;

c) den idømte sanksjon er blitt fullstendig fullbyrdet eller er under fullbyrding; eller

d) den idømte sanksjon er bortfalt etter domslandets regler.

Med mindre strafforfølgningen i domslandet skjedde etter begjæring av norske myndigheter, gjelder første ledd ikke for saker som nevnt i første ledd nr. 1 og 2

a) når handlingen er foretatt her i riket, jfr. § 12 første ledd nr. 1 og annet ledd;

b) når gjerningsmannen på handlingstiden hadde bopel i Norge eller norsk statsborgerskap, og forfølgning kreves av allmenne hensyn;

c) når handlingen var rettet mot en person med norsk offentlig verv eller en offentlig institusjon eller annet som er av offentlig karakter her i riket, eller gjerningsmannen selv hadde norsk offentlig verv;

d) når handlingen var kapring av luftfartøy eller en annen internasjonal forbrytelse etter folkeretten; eller

e) for så vidt annet følger av utleveringstraktat eller en flersidig internasjonal overenskomst.

Med mindre strafforfølgningen i domslandet skjedde etter begjæring av norske myndigheter, gjelder første ledd ikke for saker som nevnt i første ledd nr. 3 når

a) den handlingen som lå til grunn for den utenlandske dommen, helt eller delvis ble begått i Norge. Ble handlingen bare delvis begått i Norge, gjelder unntaket likevel ikke dersom handlingen delvis ble begått på territoriet til konvensjonsparten der dommen ble avsagt;

b) den handlingen som lå til grunn for den utenlandske dommen, er straffbar i Norge etter kapittel 8, 9 eller 14 i denne loven eller etter lov 18. august 1914 nr. 3 om forsvarshemmeligheter; eller

c) den handlingen som lå til grunn for den utenlandske dommen, ble begått av en norsk tjenestemann, og var et brudd på vedkommendes tjenesteplikter.

§ 13. I de i § 12 Nr. 4 bokstav a og b omhandlede Tilfælde kan Forfølgning alene reises efter Kongens Bestemmelse.

I de i § 12 Nr. 4 b omhandlede Tilfælde kan Forfølgning ikke finde Sted, medmindre der ogsaa efter det Lands Lov, i hvilket Handlingen er foretagen, er Adgang til at anvende Straf. Heller ikke kan strengere Straf idømmes end efter dette Lands Lov hjemlet.

Første og annet ledd gjelder ikke når straffeforfølging her i landet finner sted i samsvar med overenskomst med fremmed stat om overføring av straffesaker.

I ethvert Tilfælde, hvor nogen, der i Udlandet er straffet, her i

Landet dømmes for den samme Handling, bringes den udstaaede Straf saavidt muligt i Fradrag i den, som idømmes.

§ 14. (Opphevet ved lov 19. juli 1996 nr. 57.)

2det Kapitel. Straff og andre rettsfølger.

§ 15. De alminnelige straffer er:
fengsel,
forvaring,
hefte,
samfunnsstraff,
bøter og
rettighetstap som nevnt i §§ 29 og 33.

§ 16. (Opphevet ved lov 20 mai 2005 nr. 28 (i kraft 1 jan 2006 iflg. res. 21 des 2005 nr. 1580).)

§ 17. Fængsel kan idømmes:

(**a**) fra 14 dager inntil 15 år eller i de i §§ 60 a, 61 og 62 omhandlede tilfelle inntil 20 år;

(**b**) i tilfelle hvor det er særlig bestemt, inntil 21 eller 30 år.

Hvor Loven bestemmer Fængsel, menes dermed tidsbegrænset, medmindre det modsatte udtrykkelig er sagt.

Den til Fængsel dømte kan løslades paa Prøve overensstemmende med de i særskilt Lov (§ 26) derom givne Regler.

§ 18. Den som var under 18 år på handlingstidspunktet, kan bare idømmes ubetinget fengselsstraff når det er særlig påkrevd. Fengselsstraffen kan ikke overstige 15 år.

§ 19. (Opphevet ved lov 12 des 1958 nr. 1.)
§ 20. (Opphevet ved lov 12 juni 1981 nr. 62.)

§ 21. Dømmes nogen, der udstaar Hefte, til Fængsel, bliver som Regel Fuldbyrdelsen af denne Straf straks at paabegynde og den anden midlertidig at stille i Bero.

§ 22. Hefte kan idømmes fra 14 dager inntil 20 år.
2 dages Hefte ansees at svare til 1 Dags Fængsel.

§ 23. Hefte kan etter domfeltes begjæring eller med dennes samtykke ved fullbyrdelsen omsettes til fengsel.

§ 24. Hvor Fængsel er nævnt som eneste Frihedsstraf, kan tilsvarende Hefte idømmes, saafremt særlige Omstændigheder gjør det antageligt, at Handlingen ikke er udsprunget af et fordærvet Sindelag.

§ 25. Frihedsstraf indtil 4 Maaneder fastsættes i Dage, Frihedsstraf over 4 Maaneder fastsættes i Maaneder og Aar.

§ 26. De nærmere reglene om gjennomføring av

fengselsstraff, samfunnsstraff, strafferettslige særreaksjoner og forvaring gis ved særskilt lov.

§ 26 a. Sammen med frihetsstraff kan retten idømme bøtestraff. Dette gjelder selv om bøter ellers ikke er fastsatt som straff for lovovertredelsen. Ved utmålingen av frihetsstraffen tas hensyn til at også bøtestraff idømmes.

Den adgang til å kombinere frihetsstraff med bøtestraff som følger av denne paragraf, er uten betydning i forhold til lovbestemmelser som tillegger strafferammen rettslig virkning.

§ 27. Når bot idømmes, bør det foruten til det straffbare forhold tas særlig hensyn til den dømtes formuesforhold og til hva han etter sine livsforhold antas å kunne utrede.

Boten tilfaller statskassen.

§ 28. I dom på bot fastsettes en fengselsstraff fra 1 dag til 3 måneder, eller i de i § 63 nevnte tilfelle inntil 4 1/2 måned, som fullbyrdes dersom boten ikke betales.

Når bot ilegges i medhold av § 48 a eller der lovbryteren var under 18 år på handlingstidspunktet, fastsettes ikke fengselsstraff etter første ledd.

§ 28 a. Samfunnsstraff kan idømmes i stedet for fengselsstraff når

a) det ellers ikke ville ha blitt idømt strengere straff enn fengsel i 1 år,

b) hensynet til straffens formål ikke taler mot en reaksjon i frihet, og

c) lovbryteren samtykker og har bosted i Norge.

Første ledd bokstav a kan fravikes når den straff som ellers ville ha blitt idømt, helt eller delvis ville ha vært betinget, når lovbryteren var under 18 år på handlingstidspunktet, og ellers når sterke grunner taler for at samfunnsstraff idømmes.

I dom på samfunnsstraff skal retten fastsette

a) et timetall som skal være fra 30 til 420 timer,

b) en subsidiær fengselsstraff, som skal svare til den fengselsstraff som ville ha blitt idømt uten samfunnsstraff, og

c) en gjennomføringstid, som normalt skal svare til den subsidiære fengselsstraffen. Er den subsidiære fengselsstraffen kortere enn 120 dager, kan det likevel fastsettes en gjennomføringstid på inntil 120 dager.

Ved fastsetting av gjennomføringstid og subsidiær fengselsstraff gjelder § 25 tilsvarende.

I dom på samfunnsstraff kan retten bestemme at den domfelte i gjennomføringstiden

a) skal overholde bestemmelser gitt av kriminalomsorgen om bosted, oppholdssted, arbeid, opplæring eller behandling, eller

b) forbys kontakt med bestemte personer.

Sammen med samfunnsstraff kan det idømmes

a) bot, selv om bøter ellers ikke er fastsatt som straff for lovbruddet, eller

b) ubetinget fengselsstraff på inntil 60 dager når særlige grunner tilsier det.

Når en dom på samfunnsstraff blir lest opp eller forkynt for den domfelte, skal han gjøres nærmere kjent med hva dommen går ut på, og med følgene av brudd på bestemmelsene gitt i eller i medhold av straffegjennomføringsloven, og av at det begås en ny straffbar handling før utløpet av gjennomføringstiden.

§ 28 b. Etter begjæring kan tingretten ved dom bestemme at hele eller deler av den subsidiære fengselsstraffen skal fullbyrdes når den domfelte har

a) brutt bestemmelser gitt i eller i medhold av straffegjennomføringsloven § 54 første og annet ledd, § 55 eller § 58 første ledd bokstav a til d, eller

b) begått en ny straffbar handling før utløpet av gjennomføringstiden.

Ved omgjøringen skal retten ta hensyn til samfunnsstraff som allerede er gjennomført. Dersom den subsidiære fengselsstraffen ikke skal fullbyrdes i sin helhet, kan retten forlenge gjennomføringstiden med inntil 6 måneder.

Ved omgjøring etter første ledd bokstav b kan retten avsi samlet dom for begge handlinger eller særskilt dom for den nye handlingen.

Begjæring etter første ledd bokstav a fremmes av

kriminalomsorgen eller påtalemyndigheten. Begjæring etter første ledd bokstav b fremmes av påtalemyndigheten. Begjæringen må være brakt inn for retten innen 3 måneder etter utløpet av gjennomføringstiden.

Reglene om forsvarer og om pågripelse og varetektsfengsel i straffeprosessloven § 100 og kapittel 14 gjelder tilsvarende. Reglene om varsling i straffeprosessloven § 243 gjelder tilsvarende for rettsmøter om omgjøring. Kriminalomsorgen skal varsles etter de samme regler som påtalemyndigheten.

§ 28 c. (Opphevet ved lov 18 mai 2001 nr. 21 (i kraft 1 mars 2002 iflg. res. 22 feb 2002 nr. 181).)

§ 29. Den som har begått en straffbar handling som viser at vedkommende er uskikket til eller kan misbruke en stilling, virksomhet eller aktivitet, kan, når allmenne hensyn tilsier det,

a) fratas stillingen, eller

b) fratas retten til for fremtiden å ha en stilling eller utøve en virksomhet eller aktivitet.

Rettighetstapet kan begrenses til forbud mot å utøve visse funksjoner som ligger til stillingen eller virksomheten, eller til påbud om å utøve virksomheten eller aktiviteten på bestemte vilkår.

Den som er fratatt retten til å utøve en virksomhet, kan heller ikke forestå slik virksomhet for andre eller la andre forestå slik virksomhet for seg.

Den skyldige kan pålegges å gi fra seg et dokument eller en

annen gjenstand som har tjent som bevis for den tapte rettigheten.

Rettighetstap etter bestemmelsen her kan idømmes ved siden av eller istedenfor annen straff, men kan bare ilegges som eneste straff hvis det ikke er fastsatt en minstestraff på fengsel i 1 år eller mer for handlingen.

§§ 30-32. (Opphevet ved lov 20 mai 2005 nr. 28 (i kraft 1 jan 2006 iflg. res. 21 des 2005 nr. 1580).

§ 33. Den som har begått en straffbar handling, kan ilegges kontaktforbud når det er grunn til å tro at vedkommende ellers vil

a) begå en straffbar handling overfor en annen person,

b) forfølge en annen person, eller

c) på annet vis krenke en annens fred.

Kontaktforbudet kan gå ut på at den forbudet retter seg mot, forbys

a) å oppholde seg i bestemte områder, eller

b) å forfølge, besøke eller på annet vis kontakte en annen person.

Er det nærliggende fare for en handling som nevnt i første ledd bokstav a, kan den skyldige forbys å oppholde seg i sitt eget hjem.
Kontaktforbudet kan begrenses på nærmere angitte vilkår.

Dersom det anses nødvendig for at kontaktforbudet skal bli overholdt, kan retten bestemme at den kontaktforbudet retter seg mot, skal ilegges elektronisk kontroll i hele eller deler av perioden kontaktforbudet gjelder for. Slik kontroll kan bare omfatte registrering av opplysninger om at den domfelte beveger seg innenfor områder omfattet av kontaktforbudet, opplysninger om at den domfelte beveger seg i nærheten av fornærmede, og opplysninger om uteblitte signaler fra kontrollutstyret. Domfelte plikter å yte den bistand og å følge de instruksjoner som gis av politiet og som er nødvendig for gjennomføring av kontrollen. Kongen kan gi nærmere regler om gjennomføringen av elektronisk kontroll, herunder om behandling av personopplysninger i forbindelse med slik kontroll.

Rettighetstapet etter bestemmelsen her kan idømmes ved siden av eller istedenfor annen straff, men kan bare ilegges som eneste straff hvis det ikke er fastsatt en minstestraff på fengsel i 1 år eller mer for handlingen.

§ 33 a. Et rettighetstap trer i kraft fra den dagen dommen eller forelegget er endelig.

Rettighetstap etter § 29 første ledd bokstav b og § 33 ilegges for en bestemt tid inntil 5 år, eller når særlige grunner tilsier det, på ubestemt tid. Elektronisk kontroll kan likevel ikke ilegges på ubestemt tid. Verv som medlem av kommunestyre, fylkesting eller Stortinget kan likevel bare fratas for valgperioden. Forbud mot opphold i eget hjem, jf. § 33 tredje ledd, kan bare ilegges for en bestemt tid inntil 1 år.

Rettighetstap som nevnt i annet ledd, kan etter 3 år prøves på ny av tingretten. Påbud om elektronisk kontroll kan etter 6 måneder prøves på ny av tingretten. Begjæringen fremsettes for påtalemyndigheten, som forbereder saken for retten. Straffeprosessloven § 222 a åttende ledd annet og tredje punktum gjelder tilsvarende ved fornyet prøving av kontaktforbud og påbud om elektronisk kontroll. Rettens avgjørelse treffes ved kjennelse. Opprettholdes rettighetstapet helt eller delvis, kan saken ikke prøves på ny før etter 3 år. Opprettholdes et påbud om elektronisk kontroll, kan påbudet ikke prøves på ny før etter 6 måneder.

Fristen for rettighetstapet og for adgangen til å begjære ny prøving etter tredje ledd løper ikke i den tiden lovbryteren soner frihetsstraff eller unndrar seg fullbyrdingen av slik straff.

§ 34. Utbytte av en straffbar handling skal inndras. Ansvaret kan likevel reduseres eller falle bort i den grad retten mener at inndragning vil være klart urimelig. Inndragning foretas selv om lovovertrederen ikke kan straffes fordi han var utilregnelig (§§ 44 eller 46) eller ikke utviste skyld.

Som utbytte regnes også formuesgode som trer istedenfor utbytte, avkastning og andre fordeler av utbytte. Utgifter kommer ikke til fradrag. Kan størrelsen av utbyttet ikke godtgjøres, fastsetter retten beløpet skjønnsmessig.

Istedenfor formuesgodet kan det inndras et beløp som svarer til formuesgodets verdi eller til en del av verdien. Det kan bestemmes i dommen at formuesgodet hefter til sikkerhet for inndragningsbeløpet.

Inndragning foretas overfor den utbyttet er tilfalt direkte ved handlingen. Det skal legges til grunn at utbyttet er tilfalt lovovertrederen hvis han ikke sannsynliggjør at det er tilfalt en annen.

§ 34a. Utvidet inndragning kan foretas når lovovertrederen finnes skyldig i en straffbar handling av en slik art at den kan gi betydelig utbytte, og han har foretatt

a. en eller flere straffbare handlinger som samlet kan medføre straff av fengsel i 6 år eller mer, eller forsøk på en slik handling, eller

b. minst én straffbar handling som kan medføre straff av fengsel i 2 år eller mer, eller forsøk på en slik handling, og lovovertrederen de siste 5 år før handlingen ble begått, er ilagt straff for en handling av en slik art at den kan gi betydelig utbytte.

Forhøyelse av strafferammen ved gjentagelse kommer ikke i betraktning.

Ved utvidet inndragning kan alle formuesgoder som tilhører lovovertrederen, inndras hvis han ikke sannsynliggjør at formuesgodene er ervervet på lovlig måte. § 34 tredje ledd gjelder tilsvarende.

Ved utvidet inndragning overfor lovovertrederen kan også verdien av alle formuesgoder som tilhører lovovertrederens nåværende eller tidligere ektefelle, inndras hvis ikke

a. de er ervervet før ekteskapet ble inngått eller etter at ekteskapet ble oppløst,

b. de er ervervet minst fem år før den straffbare handling som gir grunnlag for utvidet inndragning, eller

c. lovovertrederen sannsynliggjør at formuesgodene er ervervet på annen måte enn ved straffbare handlinger som han har begått.

Når to personer bor fast sammen under ekteskapslignede forhold, likestilles det med ekteskap.

§ 35. Ting som er frambrakt ved eller har vært gjenstand for en straffbar handling, kan inndras såframt det finnes påkrevd av hensyn til formålet med den bestemmelse som setter straff for handlingen. Som ting regnes også rettigheter og fordringer. Regelen i § 34 første ledd tredje punktum gjelder tilsvarende.

Det samme gjelder ting som har vært brukt eller bestemt til å brukes ved en straffbar handling.

Istedenfor tingen kan inndras et beløp som svarer til dens verdi eller en del av verdien. Det kan bestemmes i dommen at tingen hefter til sikkerhet for inndragningsbeløp.

Istedenfor å inndra tingen kan retten treffe bestemmelse om tiltak for å forebygge at tingen blir brukt til nye lovovertredelser.

§ 36. Inndragning etter § 35 kan foretas hos den skyldige eller hos den han har handlet på vegne av.

Inndragning av ting som er nevnt i § 35 annet ledd eller av beløp som helt eller delvis svarer til dens verdi, kan også foretas hos en eier som har eller burde ha forstått at tingen skulle brukes ved en straffbar handling.

§ 37. Rettighet som er rettsgyldig sikret i en ting som blir inndratt, faller bort i den utstrekning det bestemmes i dommen overfor en rettighetshaver som selv er skyldig i den straffbare handling, eller som den skyldige har handlet på vegne av. Regelen i § 34 første ledd tredje punktum gjelder tilsvarende.

Slik bestemmelse kan også treffes overfor en rettighetshaver som da rettigheten ble stiftet, forsto eller burde ha forstått at tingen skulle brukes ved en straffbar handling, eller at den kunne inndras.

Når en ting er solgt med forbehold om eiendomsrett for selgeren, regnes kjøperen som eier og selgeren som rettighetshaver ved anvendelsen av reglene i denne paragraf.

§ 37 a. Når utbytte eller ting som er nevnt i §§ 34 eller 35, etter gjerningstiden er overdratt fra noen som det kan foretas inndragning hos, kan det overdratte eller dets verdi inndras hos mottakeren dersom overdragelsen er skjedd som gave eller dersom mottakeren forsto eller burde ha forstått sammenhengen mellom den straffbare handling og det han har fått overdratt.

Kan det foretas utvidet inndragning etter § 34 a og lovbryteren har overdratt et formuesgode til en av sine nærmeste, kan formuesgodet eller dets verdi inndras hos mottageren hvis påtalemyndigheten sannsynliggjør at det er ervervet ved at lovbryteren har begått et lovbrudd. Dette gjelder likevel ikke formuesgoder som ble overdratt mer enn 5 år før foretagelsen av den handlingen som danner grunnlag for inndragningen, eller formuesgoder som er mottatt til vanlig underhold fra en som plikter å yte slikt underhold.

Er formuen til noen som er nevnt i § 34a tredje ledd, helt eller delvis regnet med ved inndragning overfor lovovertrederen, og vedkommende innfrir sitt ansvar etter paragrafen her, reduseres lovovertrederens ansvar tilsvarende. Har lovovertrederen innfridd sitt ansvar etter § 34a annet ledd, fører ytterligere innfrielse fra ham til at mottagerens ansvar reduseres tilsvarende.

Annet ledd gjelder tilsvarende ved overdragelse til et foretak dersom lovovertrederen

a. alene eller sammen med noen som er nevnt i annet ledd, eier en vesentlig del av foretaket,

b. oppebærer en betydelig del av foretakets inntekt, eller

c. i kraft av sin stilling som leder har vesentlig innflytelse over det.

Tilsvarende gjelder for rettighet som etter gjerningstiden er stiftet i tingen av noen som det kan foretas inndragning hos.

§ 37 b. Selv om vilkårene etter §§ 34-36 ikke foreligger, kan en ting inndras når det på grunn av dens art og forholdene for øvrig er fare for at den vil bli brukt til en straffbar handling. Dette gjelder uansett hvem som er eier og uansett om straffansvar kan gjøres gjeldende mot noen. § 35 siste ledd gjelder tilsvarende.

§ 37 c. Når en beslaglagt ting kreves inndratt, og eieren ikke er kjent eller ikke har kjent oppholdssted i riket, kan inndragning foretas i sak mot lovovertrederen eller den som var besitter ved beslagleggelsen, såframt dette etter sakens art og forholdene for øvrig finnes rimelig. Det samme gjelder når det kreves inndragning av verdien av en ting som er beslaglagt, eller som mot sikkerhetsstillelse er fritatt for beslag. Eieren skal så vidt mulig gis varsel om saken.

Dersom heller ikke lovovertrederen eller besitteren er kjent eller har kjent oppholdssted i riket, kan tingretten beslutte inndragning under tilsvarende forhold som nevnt i første ledd, uten at noen er gjort til saksøkt.

Disse regler gjelder tilsvarende ved inndragning av rettigheter etter §§ 37 og 37a femte ledd.

§ 37 d. Inndragning skjer til fordel for statskassen når ikke annet er bestemt.

I dommen eller ved en senere kjennelse av den tingrett som avgjorde spørsmålet om inndragning, kan retten bestemme at det inndratte skal anvendes til dekning av erstatningskrav fra den skadelidte.

Departementet kan bestemme at det inndratte skal deles mellom den norske stat og en eller flere andre stater. Ved avgjørelsen skal det blant annet legges vekt på hvilke utgifter som har påløpt i statene, og i hvilke land skadevirkninger har oppstått og utbytte er oppnådd. Deling etter leddet her kan ikke føre til at dekning av den skadelidtes erstatningskrav etter annet ledd reduseres.

Når utbytte er inndratt etter § 34, og domfelte eller noen som er ansvarlig for skaden, etter pådømmelsestiden har betalt erstatning til fornærmede, kan retten etter krav fra domfelte bestemme at inndragningsbeløpet blir å nedsette tilsvarende.

Det samme gjelder dersom domfelte betaler skatt eller avgift som tilsvarer inndragningen. Krav etter leddet her må framsettes for retten senest ett år etter at avgjørelsen om inndragning ble rettskraftig.

§ 38. Et trykt skrift av forbrytersk innhold kan ved dom inndras uten hensyn til om noen straffes for skriftet eller selv om forfatteren på grunn av de i § 249 nr. 3 nevnte eller andre straffeutelukkende omstendigheter overhodet ikke kan straffes.

Dommen skal betegne de deler av skriftet som begrunner inndragningen. Ved fullbyrdelsen av dommen skal de øvrige deler på vedkommendes forlangende og på hans bekostning om mulig utsondres og tilbakeleveres.

Inndragningen kan også omfatte plater og former som er forferdiget til trykningen; den til trykningen benyttede sats skal på vedkommendes forlangende og på hans bekostning foranstaltes avlagt i stedet for å inndras.

Foranstående bestemmelser får ikke anvendelse på eksemplarer som ikke er tilgjengelige for almenheten, og som befinner seg på sted hvorfra de ikke tilsiktes videre utbredt.

§ 39. Når det anses nødvendig for å verne samfunnet, kan en lovbryter som er straffri etter § 44 første ledd overføres til tvungent psykisk helsevern, jf psykisk helsevernloven kapittel 5. Avgjørelsen i sak om overføring treffes ved dom, og overføring kan bare skje når vilkårene i nr 1 eller nr 2 er oppfylt:

1. Lovbryteren har begått eller forsøkt å begå en alvorlig voldsforbrytelse, seksualforbrytelse, frihetsberøvelse, ildspåsettelse eller en annen alvorlig forbrytelse som krenket andres liv, helse eller frihet, eller kunne utsette disse rettsgodene for fare. I tillegg må det antas å være en nærliggende fare for at lovbryteren på nytt vil begå en alvorlig forbrytelse som krenker eller utsetter for fare andres liv, helse eller frihet. Ved farevurderingen skal det legges vekt på den begåtte forbrytelsen sammenholdt særlig med lovbryterens atferd, sykdomsutvikling og psykiske funksjonsevne.

2. Lovbryteren har begått eller forsøkt å begå en mindre alvorlig forbrytelse av samme art som nevnt i nr 1, og tidligere har begått eller forsøkt å begå en forbrytelse som nevnt der, og det må antas å være en nær sammenheng mellom den tidligere og den nå begåtte forbrytelsen. I tillegg må faren for tilbakefall til en ny alvorlig forbrytelse som krenker eller utsetter for fare andres liv, helse eller frihet, antas å være særlig nærliggende.

§ 39 a. På samme vilkår som nevnt i § 39 kan en lovbryter som er straffri etter § 44 annet ledd, idømmes tvungen omsorg.

Tvungen omsorg skal utholdes i en fagenhet innen spesialisthelsetjenesten som er innrettet for formålet. Hvis hensynet til den domfelte tilsier det og sikkerhetshensyn ikke taler mot det, kan fagenheten etter nærmere forskrift som Kongen gir, inngå avtale om gjennomføring av omsorgen utenfor fagenheten.

Den domfelte kan holdes tilbake mot sin vilje og hentes tilbake ved unnvikelse, om nødvendig med tvang og med bistand fra offentlig myndighet. Fagenheten har det overordnete ansvaret for gjennomføringen av tvungen omsorg, også når særreaksjonen gjennomføres utenfor fagenheten.

Ved gjennomføring av dom på tvungen omsorg gjelder

følgende bestemmelser i psykisk helsevernloven tilsvarende så langt de passer:

a) kapittel 1, kapittel 4 med unntak av §§ 4-5 annet ledd, 4-9 og 4-10, og kapittel 6 med forskrifter når særreaksjonen gjennomføres i fagenheten. Bestemmelsen i § 4-4 annet ledd annet punktum gjelder likevel bare i den utstrekning det er fastsatt i forskrift gitt av Kongen.

b) kapittel 1 og kapittel 6 når særreaksjonen gjennomføres utenfor fagenheten.

Kongen kan gi forskrift om at helse- og omsorgstjenesteloven kapittel 9 skal gjelde tilsvarende. Kongen kan gi særlige regler om saksbehandlingen.

Kongen gir forskrifter med nærmere bestemmelser om gjennomføringen av tvungen omsorg, herunder bestemmelser om hvilke vedtak som kan overprøves etter reglene i tvisteloven kapittel 36.

§ 39 b. Tvungent psykisk helsevern etter § 39 og tvungen omsorg etter § 39 a kan bare opprettholdes når vilkåret om gjentakelsesfare i § 39 nr. 1 eller nr. 2 fortsatt er oppfylt.

Den domfelte, dennes nærmeste pårørende eller den faglig ansvarlige ved den institusjonen som har behandlingsansvaret for den domfelte, kan begjære opphør av reaksjonen. Hvem som er den domfeltes nærmeste pårørende, avgjøres etter pasient- og brukerrettighetsloven § 1-3 første ledd bokstav b. Påtalemyndigheten fremmer saken for tingretten, som avgjør den ved dom. Behandlingen av saken skal påskyndes.

Opphør av reaksjonen kan ikke begjæres før ett år etter at

overføringsdommen eller en dom som nekter opphør, er endelig.

Påtalemyndigheten kan til enhver tid beslutte opphør av reaksjonen. Senest tre år etter siste rettskraftige dom skal påtalemyndigheten enten beslutte opphør av reaksjonen eller bringe saken inn for tingretten, som avgjør om reaksjonen skal opprettholdes.

§ 39 c. Når en tidsbestemt straff ikke anses tilstrekkelig til å verne samfunnet, kan forvaring i anstalt under kriminalomsorgen idømmes i stedet for fengselsstraff når vilkårene i nr. 1 eller nr. 2 er oppfylt:

1. Lovbryteren finnes skyldig i å ha begått eller forsøkt å begå en alvorlig voldsforbrytelse, seksualforbrytelse, frihetsberøvelse, ildspåsettelse eller en annen alvorlig forbrytelse som krenket andres liv, helse eller frihet, eller utsatte disse rettsgodene for fare. I tillegg må det antas å være en nærliggende fare for at lovbryteren på nytt vil begå en slik forbrytelse. Ved farevurderingen skal det legges vekt på den begåtte forbrytelsen eller forsøket sammenholdt særlig med lovbryterens atferd og sosiale og personlige funksjonsevne. Det skal særlig legges vekt på om lovbryteren tidligere har begått eller forsøkt å begå en forbrytelse som nevnt i første punktum.

2. Lovbryteren finnes nå skyldig i å ha begått eller forsøkt å begå en mindre alvorlig forbrytelse av samme art som nevnt i nr. 1, og har tidligere begått eller forsøkt å begå en forbrytelse som nevnt der. I tillegg må det antas å være en nær sammenheng mellom den tidligere og den nå begåtte forbrytelsen, og faren for tilbakefall til en ny forbrytelse som nevnt i nr. 1 må antas å være særlig nærliggende.

Der siktede var under 18 år på handlingstidspunktet, kan forvaring etter første ledd ikke idømmes, med mindre det foreligger helt ekstraordinære omstendigheter.

§ 39 d. Før dom på forvaring avsies, skal det foretas personundersøkelse av den siktede.

Retten kan i stedet beslutte at den siktede skal underkastes rettspsykiatrisk undersøkelse, jf straffeprosessloven § 165.

§ 39 e. I dom på forvaring skal retten fastsette en tidsramme som vanligvis ikke bør overstige femten år, og ikke kan overstige enogtyve år. Etter begjæring fra påtalemyndigheten kan retten likevel ved dom forlenge den fastsatte rammen med inntil fem år om gangen. Sak om forlengelse reises ved tingretten senest tre måneder før forvaringstidens utløp.

Det bør også fastsettes en minstetid for forvaringen som ikke må overstige ti år.

Tidligere idømt fengselsstraff faller bort når forvaring idømmes.

§ 39 f. Løslatelse før forvaringstidens utløp skjer på prøve med en prøvetid fra ett til fem år.

Når den domfelte eller kriminalomsorgen begjærer løslatelse på prøve, fremmer påtalemyndigheten saken for tingretten, som avgjør den ved dom.

Behandlingen av en sak om prøveløslatelse skal påskyndes.

Når påtalemyndigheten samtykker i prøveløslatelse, kan slik løslatelse besluttes av kriminalomsorgen.

Den domfelte kan ikke begjære prøveløslatelse før ett år etter at forvaringsdommen eller en dom som nekter prøveløslatelse, er endelig.

§ 39 g. Ved prøveløslatelse av retten kan det settes vilkår som ved betinget dom, jf. straffeloven § 53 nr. 2 til 5. Retten kan også sette som vilkår at den domfelte skal følges opp av kriminalomsorgen. Når særlige grunner tilsier det, og institusjonen eller kommunen har samtykket, kan retten også sette som vilkår at den domfelte skal ha opphold i institusjon eller kommunal boenhet utover ettårsfristen i § 53 nr. 3 bokstav g. Når den domfelte skal oppholde seg i institusjon eller kommunal boenhet, kan retten fastsette at den domfelte skal kunne holdes tilbake der mot sin vilje og hentes tilbake ved unnvikelse, om nødvendig med tvang og med bistand fra offentlig myndighet.

Ved prøveløslatelse av kriminalomsorgen kan det settes vilkår som nevnt i straffeloven § 53 nr. 2, nr. 3 bokstav a til g, nr. 4 og nr. 5. Det kan også settes som vilkår at den domfelte skal følges opp av kriminalomsorgen.

Den domfelte skal på forhånd få adgang til å uttale seg om vilkårene. Om endring av fastsatte vilkår og forlengelse av prøvetid gjelder reglene i straffeloven § 54 nr. 1 tilsvarende. Den løslatte kan begjære at tingretten treffer kjennelse om at vilkår som nevnt i første ledd tredje punktum skal oppheves eller endres, jf. straffeloven § 54 nr. 1. Slik begjæring kan tidligst fremmes ett år etter at dommen om prøveløslatelse eller tingrettens siste kjennelse var endelig. Reglene om forsvarer i straffeprosessloven kapittel 9 gjelder tilsvarende.

Dersom institusjonen eller kommunen trekker sitt samtykke etter første ledd tredje punktum tilbake, gjeninnsettes den løslatte.

Dersom det er av betydning for fornærmede i straffesaken eller dennes etterlatte å få kjennskap til tidspunktet for prøveløslatelsen, skal kriminalomsorgen varsle fornærmede eller dennes etterlatte på forhånd. Varselet skal også omfatte vilkår fastsatt med hjemmel i lov eller forskrift, når vilkårene direkte gjelder fornærmede eller dennes etterlatte.

Dersom den løslatte i prøvetiden alvorlig eller gjentatt bryter fastsatte vilkår, eller særlige grunner ikke lenger tilsier prøveløslatelse i medhold av første ledd tredje punktum, kan påtalemyndigheten bringe spørsmålet om gjeninnsettelse inn for tingretten. Dom på gjeninnsettelse må være avsagt innen tre måneder etter utløpet av prøvetiden. Har den løslatte blitt fulgt opp av kriminalomsorgen, skal kriminalomsorgen gi uttalelse før det blir avsagt dom. Reglene om forsvarer og om pågripelse og fengsling i straffeprosessloven kapittel 9 og kapittel 14 gjelder tilsvarende. Det samme gjør straffeloven § 54 nr. 2 annet ledd.

§ 39 h. Kongen kan gi forskrifter om gjennomføringen av forvaring etter § 39 c.

3die Kapitel. Betingelser for Strafbarhed.

§ 40. Paa den, der ei har handlet med Forsæt, kommer ikke denne Lovs Straffebestemmelser til Anvendelse, medmindre det udtrykkelig er bestemt eller utvetydig forudsat, at ogsaa den uagtsomme Handling er strafbar. Har gjerningsmannen handlet i selvforskyldt rus framkalt ved alkohol eller andre midler, skal retten se bort fra beruselsen ved bedømmelsen av om handlingen var forsettlig.

Forseelse, der bestaar i Undladelse, straffes, ogsaa naar den er forøvet af Uagtsomhed, medmindre det modsatte er udtrykkelig bestemt eller utvetydig forudsat.

§ 41. I Tilfælde, hvor den overordnede ikke kan straffes for en af en anden i hans Tjeneste forøvet Forseelse, kan Strafansvar altid gjøres gjældende mod den underordnede, uanseet om Straffebudet efter sin Ordlyd alene er rettet mod den overordnede.

§ 42. Har nogen ved Foretagelsen af en Handling befundet sig i Uvidenhed angaaende Omstændigheder ved denne, der betinger Strafbarheden eller forhøier Strafskylden, bliver disse Omstændigheder ikke at tilregne ham.

Saafremt Uvidenheden selv kan tilregnes som uagtsom, kommer i de Tilfælde, hvor Uagtsomhed er strafbar, den herfor bestemte Straf til Anvendelse.

Det ses bort fra uvitenhet som følge av selvforskyldt rus. I slike tilfeller blir gjerningsmannen bedømt som om han var edru.

Vildfarelse med Hensyn til en Gjenstands Værdi eller til det

Beløb, hvortil en voldt Skade maa ansættes, kommer alene i Betragtning, hvor Strafbarheden betinges deraf.

§ 43. Hvor Loven bestemmer en forhøiet Straf i Tilfælde af, at en strafbar Handling medfører nogen uforsætlig Følge, indtræder denne Straf dog alene, hvor den handlende kunde have indseet Muligheden af en saadan Følge, eller saafremt han har undladt efter Evne at afverge den, efterat han er bleven opmerksom paa Faren.

§ 44. Den som på handlingstiden var psykotisk eller bevisstløs straffes ikke.

Det samme gjelder den som på handlingstiden var psykisk utviklingshemmet i høy grad.

§ 45. Bevisstløshet som er en følge av selvforskyldt rus (fremkalt ved alkohol eller andre midler), utelukker ikke straff.

§ 46. Ingen kan straffes for handling foretatt før det fylte 15 år.

§ 47. Ingen kan straffes for Handling, som han har foretaget for at redde nogens Person eller Gods fra en paa anden Maade uafvendelig Fare, naar Omstændighederne berettigede ham til at anse denne som særdeles betydelig i Forhold til den Skade, som ved hans Handling kunde forvoldes.

§ 48. Ingen kan straffes for Handling, som han har foretaget i

Nødverge.

Det er Nødverge, naar en ellers strafbar Handling foretages til Afvergelse af eller Forsvar mod et retsstridigt Angreb, saafremt Handlingen ikke overskrider, hvad der fremstillede sig som fornødent hertil, og det i Betragtning af Angrebets Farlighed, Angriberens Skyld eller det angrebne Retsgode ei heller maa agtes ubetinget utilbørligt at tilføie et saa stort Onde som ved Handlingen tilsigtet.

Hvad ovenfor er bestemt om Afvergelse af retsstridigt Angreb, kommer ogsaa til Anvendelse med Hensyn til Handlinger, der foretages i Hensigt at iverksætte en lovlig Paagribelse eller hindre, at Straf- eller Varetægtsfanger rømmer.

Har nogen overskredet Grænserne for Nødverge, er han dog straffri, hvis Overskridelsen alene har fundet Sted paa Grund af en ved Angrebet fremkaldt Sindsbevægelse eller Bestyrtelse.

Kapittel 3 a. Straffansvar for foretak.

§ 48 a. Når et straffebud er overtrådt av noen som har handlet på vegne av et foretak, kan foretaket straffes. Dette gjelder selv om ingen enkeltperson kan straffes for overtredelsen.

Med foretak menes her selskap, samvirkeforetak, forening eller annen sammenslutning, enkeltpersonforetak, stiftelse, bo eller offentlig virksomhet.

Straffen er bøter. Foretaket kan også fradømmes retten til å utøve virksomheten eller forbys å utøve den i visse former, jf. § 29.

§ 48 b. Ved avgjørelsen av om straff skal ilegges et foretak etter § 48 a, og ved utmålingen av straffen overfor foretaket skal det særlig tas hensyn til

a) straffens preventive virkning,

b) overtredelsens grovhet,

c) om foretaket ved retningslinjer, instruksjon, opplæring, kontroll eller andre tiltak kunne ha forebygget overtredelsen,

d) om overtredelsen er begått for å fremme foretakets interesser,

e) om foretaket har hatt eller kunne ha oppnådd noen fordel ved overtredelsen,

f) foretakets økonomiske evne,

g) om andre reaksjoner som følge av overtredelsen blir ilagt foretaket eller noen som har handlet på vegne av det, blant annet om noen enkeltperson blir ilagt straff.

4de Kapitel. Forsøg.

§ 49. Strafbart Forsøg foreligger, naar en Forbrydelse ei er fuldbyrdet, men der er foretaget Handling, hvorved dens Udførelse tilsigtedes paabegyndt.

Forsøg paa Forseelse er ikke strafbart.

§ 50. Forsøgets Strafbarhed bortfalder, saafremt den skyldige af egen fri Vilje enten afstaar fra den forbryderske Virksomhed, før endnu fuldendt Forsøg foreligger, eller forebygger den Følge, ved hvis Indtrædelse Forbrydelsen vilde være fuldbyrdet, forinden han endnu ved, at den forbryderske Virksomhed er opdaget.

§ 51. Forsøg straffes mildere end den fuldbyrdede Forbrydelse; Straffen kan nedsættes under det for denne bestemte Lavmaal og til en mildere Strafart.

Den for den fuldbyrdede Forbrydelse bestemte høieste Straf kan anvendes, saafremt Forsøget har medført nogen Følge, der, om den havde ligget indenfor den skyldiges Forsæt, kunde have berettiget til Anvendelse af en saa høi Straf.

5te Kapitel. Om betinget dom og om grunner til at straffen kan settes ned eller forhøyes.

§ 52.

1. Retten kan bestemme i dommen at fastsetting eller fullbyrding av straff skal utsettes i en prøvetid. Utsatt fullbyrding kan bare bestemmes for frihetsstraff og bøtestraff.

2. Blir det idømt frihetsstraff, kan utsettelse av fullbyrdingen begrenses til en del av straffen. Den ubetingete delen av straffen skal da ikke settes lavere enn 14 dager.

3. Sammen med betinget dom kan retten ilegge ubetinget bøtestraff. Dette gjelder selv om bøter ikke er fastsatt som straff for lovovertredelsen.

4. Ved forelegg gjelder reglene om betinget dom tilsvarende så langt de passer.

§ 53.

1. Utsettelse etter § 52 er betinget av at den domfelte ikke begår noen ny straffbar handling i prøvetiden, og av at han overholder vilkår fastsatt etter nr. 2 til 5 nedenfor. Den domfelte skal på forhånd få adgang til å uttale seg om vilkårene.

Prøvetiden fastsettes av retten og skal i alminnelighet være to år. Når vilkårene for straffskjerpelse ved gjentakelse er oppfylt og i andre særlige tilfeller, kan det settes en lengre prøvetid, men ikke over fem år. Prøvetiden regnes fra den dag endelig dom er avsagt.

2. Retten kan sette som vilkår for utsettelsen at den domfelte melder seg for politiet til bestemte tider. Perioden for meldeplikten er ett år når ikke retten bestemmer noe annet. Meldeplikten løper fra den dag dommen er rettskraftig. Gjelder dommen en straffbar handling som den domfelte har tilstått, kan det bestemmes i dommen at meldeplikten skal settes i verk straks selv om dommen ikke er endelig.

3. Retten kan også sette andre vilkår for utsettelsen, bl a:

a) at den domfelte overholder bestemmelser om oppholdssted, arbeid, utdanning eller samkvem med bestemte personer

b) at den domfelte overholder bestemmelser om innskrenkninger i rådigheten over inntekter og formue og om oppfyllelsen av økonomiske forpliktelser

c) at den domfelte avholder seg fra å bruke alkohol eller andre berusende eller bedøvende midler

d) at den domfelte gjennomgår kur for å motvirke misbruk av alkohol eller andre berusende eller bedøvende midler, om nødvendig i institusjon

e) at den domfelte, dersom han samtykker, gjennomfører narkotikaprogram med domstolskontroll, jf. nr. 6, eller program mot ruspåvirket kjøring for personer som er dømt for overtredelse av vegtrafikkloven § 31, jf. § 22 første ledd, og som har problem med alkohol eller annet berusende eller bedøvende middel. Straffeprosessloven § 461 gjelder tilsvarende.

f) at den domfelte gjennomgår psykiatrisk behandling, om nødvendig i institusjon

g) at den domfelte for inntil ett år tar opphold i heim eller institusjon

h) at den domfelte møter til megling i konfliktrådet og oppfyller eventuelle avtaler som inngås i meglingsmøte, forutsatt at både fornærmede og domfelte har samtykket til megling i konfliktrådet.

Retten kan overlate til tilsynsmyndigheten å gi bestemmelser som nevnt i bokstav a og b.

4. Som vilkår for utsettelsen skal retten pålegge den domfelte å yte slik erstatning og oppreisning som den fornærmete eller andre skadelidte har rett til og gjør krav på, og som retten mener den domfelte har evne til å betale.

5. Som vilkår for utsettelsen kan retten bestemme at den domfelte betaler underholdsbidrag som er forfalt eller forfaller i prøvetiden.

6. Kongen kan gi nærmere regler om gjennomføringen av vilkårene. Kongen kan som en prøveordning bestemme at det skal etableres narkotikaprogram med domstolskontroll for rusmiddelmisbrukere som er dømt for narkotikarelatert kriminalitet. Kongen gir nærmere bestemmelser om programmet, herunder hvem det skal gjelde for, innholdet i og gjennomføringen av det. Kriminalomsorgen har ansvaret for å følge opp domfelte som gjennomfører narkotikaprogram med domstolskontroll eller program mot ruspåvirket kjøring.

§ 54. 1. Når den domfeltes forhold gir grunn til det, kan retten ved kjennelse i prøvetiden oppheve eller endre fastsatte vilkår og sette nye vilkår. Finner retten det påkrevd, kan den også forlenge prøvetiden, men ikke til mer enn fem år i alt. Ved vilkår om narkotikaprogram og program mot ruspåvirket kjøring, kan kriminalomsorgen bringe saken inn for retten med begjæring om slik kjennelse.

2. Dersom den domfelte alvorlig eller gjentatt bryter fastsatte vilkår, kan retten bestemme ved dom at straff helt eller delvis skal fullbyrdes. Ved vilkår om narkotikaprogram og program mot ruspåvirket kjøring, kan kriminalomsorgen bringe saken inn for retten med begjæring om slik dom. Dommen må være avsagt innen tre måneder etter at prøvetiden gikk ut. Reglene om forsvarer og om pågripelse og fengsling i straffeprosessloven § 100 og kapittel 14 gjelder tilsvarende. Reglene om varsling i straffeprosessloven § 243 gjelder tilsvarende for rettsmøter om omgjøring. Kriminalomsorgen skal varsles etter samme regler som påtalemyndigheten.

Istedenfor å bestemme at straffen skal fullbyrdes, kan retten i dommen sette ny prøvetid og nye vilkår om den ser det som mer hensiktsmessig.

3. Dersom den domfelte begår en straffbar handling i prøvetiden, og tiltale blir reist eller saken begjært pådømt ved tilståelsesdom innen seks måneder etter at prøvetiden gikk ut, kan retten gi en samlet dom for begge handlinger eller særskilt dom for den nye handlingen.

Blir det avsagt særskilt dom for den nye handlingen, kan retten også endre den tidligere betingete dommen slik som bestemt i nr. 1.

§ 54 a. Når en betinget dom blir lest opp eller forkynt for domfelte, skal han gjøres kjent med hva det betyr at dommen er gjort betinget, hva vilkårene går ut på, og følgene av at de ikke blir overholdt. Dommeren kan også gi advarsel og formaning når det er grunn til det etter den domfeltes alder og forholdene ellers. Den domfelte kan innkalles til særskilt rettsmøte for å få slik advarsel og formaning.

§ 55. For straffbare handlinger, forøvd før det fylte 18de år, kan fengselsstraff etter § 17 første ledd bokstav b ikke anvendes, og straffen kan innen samme straffart nedsettes under det lavmål som er bestemt for handlingen, og, når forholdene tilsier det, til en mildere straffart.

§ 56. Retten kan sette ned straffen under det lavmål som er bestemt for handlingen, og til en mildere straffart:

a. når handlingen er foretatt for å redde noens person eller gods, men grensen for retten til dette etter §§ 47 og 48 er overskredet;

b. når handlingen er foretatt i berettiget harme, under tvang eller overhengende fare;

c. når lovbryteren på handlingstiden hadde en alvorlig psykisk lidelse med en betydelig svekket evne til realistisk vurdering av sitt forhold til omverdenen, men ikke var psykotisk, jf. § 44, eller var lettere psykisk utviklingshemmet eller handlet under en sterk bevissthetsforstyrrelse som ikke var en følge av selvforskyldt rus;

d. når lovbryteren handlet under bevisstløshet som var en følge av selvforskyldt rus, og særdeles formildende omstendigheter taler for at straffen settes ned.

§ 57. For den, som ved Handlingens Foretagelse befandt sig i Vildfarelse med Hensyn til dens retsstridige Beskaffenhed, kan, saafremt Retten ikke finder af denne Grund at burde frifinde ham, Straffen nedsettes under det for Handlingen bestemte

Lavmaal og til en mildere Strafart.

§ 58. Hvor flere har samvirket til et strafbart Øiemed, kan Straffen nedsættes under det for Handlingen bestemte Lavmaal og til en mildere Strafart for deres Vedkommende, hvis Medvirken væsentlig har været foranlediget ved deres afhængige Stilling til nogen anden af de skyldige eller har været af ringe Betydning i Forhold til andres. Hvor Straffen ellers kunde have været fastsat til Bøder, og ved Forseelser kan den helt bortfalde.

§ 59. Det som er bestemt i § 58, gjelder også for den som før han ennå vet at han er mistenkt, så vidt mulig og i det vesentlige har forebygget eller gjenopprettet de skadelige følger av handlingen.

Har siktede avgitt en uforbeholden tilståelse, skal retten ta dette i betraktning ved straffutmålingen. Retten kan nedsette straffen under det for handlingen bestemte lavmål og til en mildere straffart.

§ 60. Har den dømte vært undergitt frihetsberøvelse i anledning av saken, skal dommen inneholde bestemmelse om at hele denne tid skal bringes til fradrag i straffen, slik at denne endog kan anses utholdt i sin helhet. Har frihetsberøvelsen skjedd i fullstendig isolasjon, skal det gis et ytterligere fradrag som svarer til én dag for hvert påbegynte tidsrom av 2 døgn som den dømte har vært underlagt fullstendig isolasjon.

Er samfunnsstraff idømt, skal fradraget gjøres i den subsidiære fengselsstraffen, samtidig som antallet timer samfunnsstraff reduseres forholdsmessig. Er samfunnsstraffen idømt sammen med ubetinget fengselsstraff, skal fradraget først gjøres i denne.

Har den dømte i utlandet vært undergitt frihetsberøvelse i anledning av saken, avgjør retten i hvilken utstrekning denne tid skal bringes til fradrag i straffen.

§ 60 a. Dersom en straffbar handling er utøvet som ledd i aktivitetene til en organisert kriminell gruppe, forhøyes maksimumsstraffen i straffebudet til det dobbelte, likevel ikke med mer enn 5 års fengsel.

Med organisert kriminell gruppe menes et samarbeid mellom tre eller flere personer som har som et hovedformål å begå en handling som kan straffes med fengsel i minst 3 år, eller som går ut på at en ikke ubetydelig del av aktivitetene består i å begå slike handlinger.

Forhøyelse av maksimumsstraffen etter bestemmelsen her får anvendelse i forhold til lovbestemmelser som tillegger strafferammen rettslig virkning, hvis ikke annet er bestemt.

§ 61. Begår en tidligere domfelt person på ny en straffbar handling av samme art som han tidligere er dømt for, forhøyes maksimumsstraffen i straffebudet til det dobbelte, hvis ikke straffebudet selv bestemmer noe annet. Forhøyelse av maksimumsstraffen etter bestemmelsen her får bare anvendelse i forhold til lovbestemmelser som tillegger strafferammen rettslig virkning hvis det er bestemt i loven.

Første ledd gjelder bare når den domfelte hadde fylt 18 år på tidspunktet for den tidligere straffbare handlingen og har begått den nye handlingen etter at straffen for den tidligere handlingen helt eller delvis er fullbyrdet. Er den nye straffbare handlingen en forbrytelse, gjelder første ledd ikke hvis den nye handlingen er begått senere enn 6 år etter at fullbyrdelsen av den tidligere straffen er avsluttet, med mindre annet er bestemt. Er den nye straffbare handlingen en forseelse, kan det ikke ha gått mer enn 2 år fra fullbyrdelsen er avsluttet. Reglene i dette ledd gjelder også når skjerpet straff for gjentakelse er bestemt i straffebudet.

Retten kan la tidligere straffer som er idømt i utlandet, begrunne skjerpet straff på samme måte som straffer som er idømt her i landet.

§ 62. Har noen i samme eller i forskjellige handlinger forøvet flere forbrytelser eller forseelser som skulle ha medført frihetsstraff, anvendes en felles frihetsstraff. Den felles frihetsstraffen må være strengere enn det høyeste lavmål som er fastsatt for noen enkelt av forbrytelsene eller forseelsene og må ikke overstige det dobbelte av den høyeste straff som for noen av dem er lovbestemt. Den felles frihetsstraffen fastsettes som regel til fengsel, hvis noen enkelt av de straffbare handlinger ville ha medført slik straff.

Bestemmelsene i første ledd gjelder tilsvarende ved idømmelse av en felles straff på samfunnsstraff. Skal samfunnsstraff idømmes sammen med ubetinget fengselsstraff, skal det ved utmålingen av samfunnsstraffen tas hensyn til den ubetingete fengselsstraffen.

Forsaavidt nogen af Forbrydelserne eller Forseelserne skulde have medført Fængsel, idømmes, ogsaa naar Hefte anvendes, de samme Tillægsstraffe, som om Fængsel var blevet anvendt.

§ 63. Har nogen i samme eller i forskjellige Handlinger forøvet flere Forbrydelser eller Forseelser, hvorfor Straf af Bøder idømmes, anvendes en fælles Bødestraf, der maa være strengere end den, som nogen enkelt af Forbrydelserne eller Forseelserne skulde have medført.

Retten kan, hvor nogle af Forbrydelserne eller Forseelserne skulde have medført Frihedsstraf, andre Bøder, undlade at idømme disse og istedet betragte de Forbrydelser eller Forseelser, hvorfor Bødestraf er bestemt, som skjærpende Omstændigheder.

§ 64. Fældes nogen, som allerede er idømt Straf, for nogen forud for Dommen forøvet Forbrydelse eller Forseelse, iagttages ved Straffens Fastsættelse, at Reglerne i §§ 62 og 63 saavidt muligt sker Fyldest. I dette Tilfælde kan Frihedsstraf under 14 Dage idømmes.

Bestemmelsene i første ledd gjelder også når den domfelte i prøvetiden etter en betinget dom blir kjent skyldig i en straffbar handling som er foretatt før den betingete dommen ble avsagt. Retten kan da gi en samlet dom for begge handlinger eller særskilt dom for den handling som ble pådømt sist. Blir det gitt samlet betinget dom for begge handlinger, fastsetter retten ny prøvetid, som regnes fra den dag det er avsagt endelig dom i den nye saken.

§ 65. Skal Bøder i Henhold til flere Domme afsones, bortfalder, naar de strafbare Handlinger er forøvede, forinden nogen af dem blev paadømt, den Del af Frihedsstraffen som overstiger, hvad i en Dom kunde være ilagt.

6te Kapitel. Opphør av straff og andre rettsfølger.

§ 66. En handling er ikke lenger straffbar når foreldelse er inntrådt etter reglene i §§ 67-69.

Tap av offentlig stilling kan dog idømmes selv om annen straff er foreldet.

Straffansvar etter § 147 a første jf. annet ledd foreldes ikke.

§ 67. Fristen for foreldelse er:

2 år når den høyeste lovbestemte straff er bøter eller fengsel inntil 1 år,

5 år når den høyeste lovbestemte straff er fengsel inntil 4 år,

10 år når den høyeste lovbestemte straff er fengsel inntil 10 år,

15 år når tidsbestemt straff inntil 15 år kan idømmes,

25 år når fengsel inntil 21 år kan idømmes.

Hefte anses like med fengsel ved beregning av fristen.

At bøter eller rettighetstap kan idømmes ved siden av annen straff, har ikke betydning ved beregning av fristen.

Har noen i samme handling begått flere lovovertredelser, som etter første ledd skulle foreldes til ulike tid, gjelder den lengste foreldelsesfrist for alle overtredelser.

Fristen for foreldelse av straffansvaret for foretak beregnes ut fra strafferammen for enkeltpersoner i det straffebudet som er overtrådt.

§ 68. Fristen for foreldelse regnes fra den dag det straffbare forhold er opphørt. Ved overtredelse av §§ 195, 196 eller lov 15. desember 1995 nr. 74 om forbud mot kjønnslemlestelse §§ 1 eller 2 skal fristen likevel regnes fra den dag fornærmede fyller 18 år.

Når straffbarheten avhenges eller påvirkes av en inntrådt virkning, regnes fristen først fra den dag virkningen er inntrådt. Det samme gjelder når påtalen er avhengig av en senere inntrådt begivenhet.

Er den straffbare handling forøvd på norsk skip utenfor riket, regnes fristen fra den dag da skipet er kommet til norsk havn. Begynnelsestidspunktet for fristen kan etter denne bestemmelse ikke utskytes i mer enn ett år.

§ 68 a. Foreldelsesfristen for overtredelse av §§ 281 til 287 løper ikke under konkurs eller gjeldsforhandling etter loven. Fristen kan likevel ikke forlenges med mer enn 5 år etter denne paragrafen.

§ 69. Fristen for foreldelse avbrytes ved rettergangsskritt som medfører at den mistenkte får stilling som siktet. Skjer siktelsen ved utenrettslig erklæring eller ved utferdigelse av forelegg, avbrytes foreldelsesfristen ved meddelelse til mistenkte om at han er siktet. For slik meddelelse gjelder regelen i domstolsloven § 146 annet ledd tilsvarende.

Avbrytes fristen overfor noen som har handlet på vegne av et foretak, gjelder avbrytelsen også overfor foretaket.

Innstilles forfølgningen uten at beslutning om dette omgjøres av overordnet påtalemyndighet innen lovens frist for slik omgjøring, løper foreldelsen videre som om forfølgning ikke hadde funnet sted. Det samme gjelder dersom forfølgningen blir stanset på ubestemt tid. Er forfølgningen stanset på grunn av at siktede har unndratt seg forfølgningen, regnes forfølgningstiden ikke med ved beregningen av om foreldelse er inntrådt.

§ 70. For inndragning gjelder de foreldelsesfrister som er fastsatt i § 67, men slik at fristen ikke i noe tilfelle skal være mindre enn 5 år, og for inndragning etter §§ 34 og 34a ikke mindre enn 10 år.

At en handling ikke kan straffes på grunn av foreldelse, er ikke til hinder for at det kan reises sak for å få en beskyldning erklært død og maktesløs i medhold av reglene i § 251 og § 253.

§ 71. Idømt frihetsstraff faller bort ved foreldelse etter følgende frister:

5 år for fengsel inntil 1 år,

10 år for fengsel i mer enn 1 år men høyst 4 år,

15 år for fengsel i mer enn 4 år men høyst 8 år,

20 år for tidsbestemt fengsel i mer enn 8 år, men høyst 20 år,

30 år for fengsel i mer enn 20 år.

For straff av hefte gjelder de samme frister som for fengsel.

Er fullbyrding av fengselsstraff delvis utsatt i medhold av § 52 nr. 2, regnes fristen særskilt for den betingede og den ubetingede del av straffen.

Er frihetsstraffen blitt avkortet ved prøveløslatelse, regnes foreldelsesfristen på grunnlag av den gjenstående straffetid. Tilsvarende gjelder i tilfelle hvor fullbyrdingen avbrytes på annen måte.

Idømt straff etter § 147 a første jf. annet ledd foreldes ikke.

§ 72. Foreldelsesfristen løper fra den dag dommen er endelig.

Kan fullbyrding ikke settes i verk fordi domfelte i eller utenfor riket utholder annen frihetsberøvelse i henhold til dom, løper ingen foreldelse i dette tidsrom. Tilsvarende gjelder der domfelte i eller utenfor riket utfører samfunnsstraff i henhold til dom.

Er det ved betinget dom eller benådning gitt utsettelse med fullbyrding av straffen, løper det ingen foreldelse i prøvetiden.

§ 73. Fristen etter § 71 avbrytes ved at fullbyrding av straffen blir påbegynt eller ved at den domfelte blir pågrepet for å sikre fullbyrdingen.

§ 73 a. Idømt forvaring faller bort ved foreldelse etter de samme frister som for frihetsstraff. Fristen beregnes etter lengden av den tidsrammen som er fastsatt etter § 39 e første ledd første punktum. Idømte særreaksjoner for utilregnelige, jf. §§ 39 og 39 a, faller bort ved foreldelse etter 20 år. §§ 71 siste ledd, 72 og 73 gjelder tilsvarende så langt de passer.

§ 73 b. Idømt samfunnsstraff faller bort ved foreldelse etter de samme frister som for frihetsstraff. Fristen beregnes etter lengden av den subsidiære fengselsstraffen fastsatt etter § 28 a annet ledd. §§ 71 siste ledd siste punktum, 72, 73 og 74 fjerde ledd gjelder tilsvarende så langt de passer.

§ 74. Ilagt bot foreldes 10 år etter at avgjørelsen ble endelig.

Foreldelse av bøtestraff er uten betydning for utleggspant, utleggstrekk eller annen sikkerhet som er stiftet innen fristens utløp.

Dersom fullbyrding utstår etter bestemmelse i betinget dom eller ved benådning, løper ingen foreldelse i prøvetiden.

Subsidiær fengselsstraff faller bort etter 5 år, med mindre fullbyrding av den er påbegynt innen fristens utløp.

Ilagt inndragning faller bort etter 5 år. Inndragning av utbytte, herunder inndragning etter § 34a, faller likevel først bort etter 10 år. Regelen i annet ledd gjelder tilsvarende for inndragningskrav.

§ 75. Adgangen til å fullbyrde straff faller bort ved den skyldiges død.

Inndragningsansvar faller bort ved den ansvarliges død. Sak om inndragning av utbytte av en straffbar handling, herunder inndragning etter § 34a og § 37a annet ledd, kan likevel fremmes.

Dom på inndragning kan fullbyrdes etter domfeltes død, såframt det besluttes ved kjennelse av den rett som har pådømt saken i første instans, eller av den tingrett som saken hører under etter straffeprosessloven § 12 når inndragningen er vedtatt ved forelegg. Dette gjelder likevel bare for ting eller beløp som er utbytte av den straffbare handling eller som svarer til slikt utbytte, herunder ting eller beløp inndratt etter § 34a og § 37a annet ledd. Retten kan beslutte inndragning av et beløp istedenfor en ting.

§ 76. Sak om mortifikasjon kan ikke fremmes etter at den som har framsatt ytringen, er død.

7de Kapitel. Paatalen.

§ 77. Strafbare Handlinger er offentlig Paatale undergivet, medmindre noget modsat er bestemt.

§ 78. For fornærmede som er under 18 år eller fratatt rettslig handleevne, gjelder reglene i straffeprosessloven § 93 g tilsvarende for adgangen til å begjære påtale. Er fornærmede over 15 år, kan det ikke mot hans uttalte vilje begjæres påtale i saker om legemsfornærmelse og ærekrenkelse.

Er det grunn til å anta at den fornærmede er i en tilstand som nevnt i § 44, træder hans Verge, hans Ægtefælle, Forældre og myndige Børn eller, om hverken Forældre eller myndige Børn findes, hans Bedsteforældre i hans Sted.

Er han død, kan hans Ægtefælle, Slægtninge i lige Linje, Søskende samt Arvinger reise eller begjære paatale.

Ved inngrep i formuesgoder anses som fornærmet også den

som i henhold til tidligere inngått avtale har erstattet eller har plikt til å erstatte skaden.

Har staten etter begjæring av fornærmede helt eller delvis erstattet eller påtatt seg å erstatte skade som er voldt ved den straffbare handling, anses også staten som fornærmet.

§ 79. Er fornærmede et selskap, et samvirkeforetak, en forening eller en stiftelse, kan offentlig påtale begjæres av styret. Styret kan gi et styremedlem, den daglige leder eller den som er meddelt prokura, fullmakt til å begjære offentlig påtale av straffbare handlinger som er begått, eller av framtidige straffbare handlinger av nærmere angitt slag.

Er fornærmede en enkeltperson som driver ervervsvirksomhet, kan den daglige leder eller den som er meddelt prokura, gis fullmakt som nevnt i første ledd for så vidt gjelder straffbare handlinger som har tilknytning til virksomheten.

Driver fornærmede som nevnt i første eller annet ledd virksomhet utenfor hovedsetet, kan fullmakt for så vidt gjelder denne del av virksomheten, gis også til den stedlige leder for vedkommende avdeling eller del av virksomheten eller til medlem av avdelingsstyret.

Retten til å begjære påtale på statens vegne utøves av departementet, som kan gi fullmakt til annet offentlig organ eller tjenestemann for så vidt gjelder verdier eller interesser som vedkommende forvalter eller fører tilsyn med. Rammes verdier som varetas av en statlig forretningsdrivende enhet eller offentlig innretning, gjelder første og tredje ledd tilsvarende. Departementet kan gi bestemmelser om delegasjonsadgangen og om utøving av rett til å begjære påtale etter dette ledd og kan i tvilstilfelle avgjøre hvem som har slik rett.

Er en fylkeskommune, en kommune eller en samkommune fornærmet, kan offentlig påtale begjæres av henholdsvis fylkesting, kommunestyre eller samkommunestyre. Fylkestinget kan gi fullmakt til fylkesutvalget, fylkesordføreren, fylkesrådet, faste utvalg og administrasjonssjefen. Kommunestyret kan gi fullmakt til formannskapet, ordføreren, kommunerådet, faste utvalg, kommunedelsutvalg og administrasjonssjefen. Samkommunestyret kan gi fullmakt til samkommunestyrets leder, faste utvalg og administrativ leder. Fullmakt kan bare gis for så vidt gjelder verdier eller interesser som vedkommende organ eller person forvalter eller fører tilsyn med. Fjerde ledds annet punktum gjelder tilsvarende. Tredje ledd gjelder tilsvarende i tilfelle en kommune utøver virksomhet utenfor kommunen, en fylkeskommune utøver virksomhet utenfor fylkeskommunen eller en samkommune utøver virksomhet utenfor samkommunen.

Fins det i de tilfelle som er nevnt i § 78 første, annet og tredje ledd ingen som er berettiget til å begjære offentlig påtale, eller er den straffbare handling forøvd av noen som etter de nevnte bestemmelser ville ha vært berettiget til å begjære offentlig påtale, kan slik begjæring framsettes av fylkesmannen.

§ 80. Begjæring om offentlig påtale må settes fram senest 6 måneder etter at den berettigede er kommer til kunnskap om den straffbare handling og om hvem som har foretatt den. Ved krav om mortifikasjon er den tilsvarende frist 3 år. Domstolsloven § 146 gjelder tilsvarende.

For deres Vedkommende, hvis Berettigelse er hjemlet i §§ 78 og 79, begynder ikke Fristen sit Løb, før Berettigelsen for dem er indtraadt.

§ 81. Begjæringen om offentlig Paatale kan begrænses til den eller dem, der er Ophavsmænd til den forbryderske Beslutning.

Ellers maa den, for at kunne tages tilfølge, ikke udelukke nogen medskyldig fra Forfølgningen; til medskyldige, der ikke udtrykkelig er udelukkede, kan Forfølgningen i Embeds Medfør udstrækkes.

§ 82. Begjæringen kan ikke tages tilbage, efterat Tiltale er reist.

Hvor den skyldige har forøvet den straffbare handling mot noen av sine nærmeste, samt i de i §§ 409-412 omhandlede tilfelle kan begjæringen med virkning også senere tas tilbake.

Er Begjæring om Paatale taget tilbage, kan den ikke paany fremsættes.

Anden Del. Forbrydelser.

8de Kapitel. Forbrydelser mod Statens Selvstændighed og Sikkerhed.

§ 83. Den som retsstridig søger at bevirke eller at medvirke til, at Norge eller nogen Del af Riget bringes under fremmed Herredømme eller indlemmes i anden Stat, eller at nogen Del af Riget løsrives, straffes med Hefte i mindst 8 Aar eller med Fængsel fra 8 Aar indtil 21 år.

§ 84. Den, som retsstridig bevirker eller medvirker til, at Norge eller nogen med Norge under en udbrudt Krig forbunden Stat paaføres Krig eller Fiendtligheter, straffes med Hefte i mindst 5 Aar eller med Fængsel fra 5 Aar indtil 21 år.

§ 85. Den, som overtræder nogen forskrift, som Kongen har utferdiget til opretholdelse av rikets nøitralitet under krig mellem fremmede magter, eller som medvirker hertil, straffes med bøter eller med hefte indtil 4 aar.

Under særdeles skjærpende omstændigheter kan fængsel indtil 4 aar anvendes.

§ 86. Med fengsel fra 3 år inntil 21 år straffes den som i krigstid eller med krigstid for øye

1) bærer våpen mot eller på annen måte deltar i militære operasjoner mot Norge,

2) skaffer fienden opplysninger til bruk ved slike operasjoner,

3) svekker Norges motstandsevne ved å ødelegge, skade eller sette ut av bruk anlegg eller gjenstander av betydning for rikets krigsinnsats,

4) opphisser eller forleder til troløshet, driver propagandavirksomhet for fienden eller utbrer uriktige eller villedende opplysninger som er egnet til å svekke folkets motstandsvilje,

5) stifter, går inn i, deltar aktivt i eller yter økonomisk støtte av betydning til parti eller organisasjon som virker til fordel for fienden,

6) medvirker ved angiveri eller på lignende måte til at noen blir utsatt for frihetsberøvelse eller annen overlast av fienden eller parti eller organisasjon som nevnt under nr. 5,

7) oppfordrer eller tilskynder til, er med på beslutning om eller deltar i lockout, streik eller boikott som er ulovlig etter arbeids- eller boikottlovgivningen og som svekker Norges motstandsevne,

8) deltar på utilbørlig måte i fiendens administrasjon av okkupert norsk område,

9) utfører eller deltar på utilbørlig måte i ervervsvirksomhet for fienden,

10) på annen måte rettstridig yter fienden bistand mot Norge eller svekker Norges motstandskraft,

eller som medvirker hertil. Var det straffbare forhold av underordnet betydning, kan straffen settes til fengsel under 3 år. På samme måte straffes den som foretar slik handling mot en stat som er i forbund med Norge eller i krig med en felles fiende.

Det som her er bestemt gjelder også såfremt handlingen er foretatt når det er innledet militære kamphandlinger mot Norge eller forsøk fra fremmed makt på å besette eller angripe norsk område eller med slike forhold for øye.

Straff kommer ikke til anvendelse på noen i utlandet bosatt norsk statsborger for handling som han etter bostedets lover er pliktig til.

§ 86 a. Den som grovt uaktsomt forgår seg som nevnt i § 86 straffes med hefte eller fengsel inntil 5 år.

§ 86 b. Den som, uten at forholdet går inn under § 86, under en påtvunget besettelse av norsk område yter okkupasjonsmakten en åpenbart utilbørlig bistand, eller som medvirker hertil, straffes med fengsel.

Har handlingen hatt til følge stor skade for landet eller noens død, betydelig skade på legeme eller helbred, store lidelser eller langvarig frihetsberøvelse, kan fengsel inntil 21 år anvendes.

§ 87. Med hefte eller fengsel inntil 4 år straffes den som i krigstid rettsstridig

1. vegrer seg ved å gi en militær befalingsmann de opplysninger han måtte ha fått om forhold av betydning for et militært tiltak, eller som medvirker hertil, eller

2. yter fiendtlig speider skjul, underhold eller annen bistand, eller

3. medvirker til, at det forøves noen etter militær lov straffbar handling, som kan medføre 3 års fengsel eller strengere straff.

På samme måte straffes den som foretar slik handling mot en stat som er i forbund med Norge eller i krig med en felles fiende.

§ 88. Den som i krigstid misligholder kontrakt om krigsmaktens forsyning eller befordring eller om annet som er av betydning for det militære eller sivile forsvar, eller medvirker hertil, straffes med fengsel inntil 10 år. Har handlingen hatt tilfølge stor skade for rikets forsvar eller noens død eller betydelig skade på legeme eller helbred, kan fengsel inntil 21 år anvendes.

Har misligholdelsen funnet sted av uaktsomhet, straffes den skyldige med bøter eller med hefte eller fengsel inntil 6 måneder.

På samme måte straffes den som foretar slik handling mot en stat som er i forbund med Norge eller i krig med en felles fiende.

§ 89. Med Hefte eller Fængsel i mindst 1 Aar straffes den, som handler mod Norges Tarv eller undlader at varetage dette under Forhandling eller Afslutning af Overenskomst med anden Stat paa Norges Vegne, eller som ved Forledelse eller Tilskyndelse medvirker hertil.

Har nogen af Uagtsomhed forbrudt sig paa nævnte Maade,

straffes han med Bøder eller med Hefte indtil 2 Aar.

§ 90. Den som rettsstridig bevirker eller medvirker til at noe åpenbares som bør holdes hemmelig av hensyn til rikets sikkerhet, straffes med fengsel inntil 3 år, men fra 1 år inntil 10 år såfremt hemmeligheten er forrådt til annen stat eller betydelig fare er voldt.

Har den skyldige handlet av uaktsomhet, anvendes bøter.

Var Hemmeligheden betroet den skyldige i Stillings Medfør, kan de ovennævnte Frihedsstraffe forhøies med indtil en Halvdel.

§ 91. Den, som retsstridig sætter sig eller andre i Besiddelse af saadan Hemmelighed som i § 90 nævnt, i Hensigt at aabenbare den, eller som medvirker hertil, straffes med Hefte eller Fængsel indtil 2 Aar, men indtil 6 Aar, saafremt Hensigten var at forraade den til anden Stat, eller der ved Aabenbarelsen vilde voldes betydelig Skade.

Den, som ellers uberettiget sætter sig eller andre i Besiddelse af nogen saadan Hemmelighed, straffes med Bøder eller med Hefte eller Fængsel indtil 1 Aar.

§ 91 a. Den som hemmelig eller ved ulovlige midler til fordel for fremmed stat søker å samle opplysninger om politiske eller personlige forhold hvis meddelelse til en annen stat han vet eller bør forstå kan skade Norges interesser eller volde fare for enkeltpersoners liv, helbred, frihet eller eiendom, eller som medvirker hertil, straffes med hefte eller fengsel inntil 2 år.

§ 92. Den, som i Krigstid retsstridig giver offentlige Meddelelser om Krigsmagten eller Krigsforetagender, naar Forbud derimod er udstedt, eller som medvirker hertil, straffes med Bøder eller med Hefte eller Fængsel indtil 2 Aar.

§ 93. Den, som bevirker eller medvirker til, at noget Dokument eller anden Gjenstand, der er af Betydning for Rigets Sikkerhed eller Velfærd, forfalskes, ødelægges eller bringes tilside straffes med Fængsel fra 2 Aar indtil 8 Aar, men indtil 12 Aar, saafremt deraf betydelig Skade er opstaaet.
§ 94.

Den som inngår forbund med en eller flere andre med formål å utføre noen i §§ 83, 84, 86, 86 b, 88, 89 eller 90 nevnt forbrytelse, eller en forbrytelse mot militære straffelov § 81 a, jfr. nærværende lovs §§ 83 og 86, straffes i sistnevnte tilfelle med fengsel fra 1 til 12 år og ellers med hefte eller fengsel inntil 10 år, dog i intet tilfelle med høyere straff enn to tredjedeler av den høyeste for forbrytelsen selv anvendelige.

På samme måte straffes den, som

1) offentlig oppfordrer til iverksettelsen av en slik forbrytelse,

2) i hensikt å forøve en slik forbrytelse innlater seg med noen fremmed makt,

3) i slik hensikt tiltar seg eller utøver noen militær befaling eller samler eller holder rede, eller forbereder samlet eller holdt rede, krigsfolk eller med våpen eller annet utstyr forsynt skare,

4) tilbyr eller påtar seg å forøve eller mottar penger eller andre fordeler for å forøve en slik forbrytelse,

5) medvirker til noen i denne paragraf nevnt handling.

§ 95. Den som her i riket offentlig forhåner en fremmed stats flag eller riksvåpen, eller som medvirker hertil, straffes med bøter eller med hefte eller fengsel inntil 1 år.

På samme måte straffes den som her i riket krenker en fremmed stat ved å øve vold mot eller opptre truende eller fornærmelig overfor noen representant for den, eller ved å trenge seg inn i, gjøre skade på eller tilsmusse område, bygning eller rom som brukes av slik representant, eller som medvirker til det.

§ 96. Med Hensyn til fremmed Statsoverhoved finder §§ 102 og 103 tilsvarende Anvendelse. Det samme er Tilfældet med §§ 99, 100 og 101, saafremt vedkommende fremmede Statsoverhoved med den norske Statsmyndigheds Samtykke opholder sig i Riget.

For Forbrydelser af de i Kapitlerne 21, 22 og 23 nævnte Slags mod fremmed Stats Sendebud, medens han opholder sig her i Riget, kan de ellers fastsatte Frihedsstraffe forhøies med indtil en Halvdel.

§ 97. Den som under påtvunget besettelse av norsk område utilbørlig søker eller utnytter forbindelse med eller beskyttelse av okkupasjonsmakten eller dens hjelpere for å skaffe seg eller andre en fordel eller å fremme andre formål, eller som medvirker hertil, straffes med fengsel inntil 3 år. Under formildende omstendigheter kan bøter anvendes.

Straffen kan forhøyes til fengsel inntil 21 år når offentlig myndighet er hindret i sin virksomhet, eller når det er foretatt alvorlige overgrep mot offentlige tjenestemenn, pressen, foreninger, institusjoner eller privatpersoner, eller når for øvrig betydelige samfunnsinteresser er satt i fare.

§ 97 a. Norsk borger eller en i Norge hjemmehørende person som av fremmed makt eller av parti eller organisasjon som opptrer i dens interesse, for seg eller for parti eller organisasjon her i landet tar imot økonomisk støtte for å påvirke almenhetens mening om statens styreform eller utenrikspolitikk eller til partiformål, eller som medvirker hertil, straffes med hefte eller fengsel inntil 2 år.

§ 97 b. Med fengsel inntil 2 år straffes den som mot bedre vitende eller grovt uaktsomt utbrer offentlig eller meddeler til fremmed makt falske rykter eller uriktige opplysninger som om de vinner tiltro, er egnet til å sette rikets indre eller ytre sikkerhet eller forholdet til fremmede makter i fare, eller som medvirker hertil.

§ 97 c. For forbrytelser mot bestemmelsene i dette kapitel kan bøter idømmes ved siden av frihetsstraff.

9de Kapitel. Forbrydelser mod Norges Statsforfatning og Statsoverhoved.

§ 98. Den som søker å bevirke eller å medvirke til at rikets statsforfatning forandres ved ulovlige midler, straffes med hefte eller fengsel i minst 5 år. Skjer handlingen med bruk av våpenmakt eller under utnyttelse av frykt for inngripen av fremmed makt, kan fengsel inntil 21 år idømmes.

§ 99. Den som ved vold, trusler eller andre ulovlige midler søker å hindre Kongen, Regenten, Statsrådet, Stortinget eller noen av dets avdelinger, Høyesterett eller Riksretten i sin virksomhet, straffes med fengsel i inntil 15 år. Det samme gjelder hvis handlingen er rettet mot noen av medlemmene i Statsrådet, Stortinget eller Høyesterett. Medvirkning er straffbar.

§ 98 annet og tredje punktum får tilsvarende anvendelse.

§ 99 a. Med hefte eller fengsel fra 5 år inntil 21 år straffes den som med bruk av våpenmakt eller under utnyttelse av frykt for inngripen av fremmed makt hindrer offentlige myndigheter i deres virksomhet, eller foretar alvorlige overgrep mot offentlige tjenestemenn, pressen, foreninger eller institusjoner eller forøvrig setter betydelige samfunnsinteresser i fare, eller som medvirker hertil.

Bøter kan idømmes ved siden av frihetsstraff.

§ 100. Den, som bevirker eller medvirker til, at Kongen eller Regenten berøves Livet, straffes med Fængsel i 21 år.

Paa samme Maade straffes Forsøg.

§ 101. Den, som bevirker eller medvirker til, at der mod Kongen eller Regenten øves Vold eller anden Legemsfornærmelse, straffes med Fængsel i mindst 2 Aar. Fængsel inntil 21 år kan anvendes, saafremt betydelig Skade paa Legeme eller Helbred er tilføiet eller forsøgt tilføiet.

Forøves nogen Ærekrenkelse mod Kongen eller Regenten, straffes den skyldige med Hefte eller Fængsel indtil 5 Aar.

§ 102. I ethvert Tilfælde, hvor nogen i Kapitlerne 19, 20, 21, 22 eller 23 omhandlet Forbrydelse er forøvet mod noget Medlem af det kongelige Hus, kan den for Forbrydelsen fastsatte Frihedsstraf forhøies indtil det dobbelte og Fængsel inntil 21 år anvendes, hvis den almindelige Straf naar 8 Aars Fængsel.

§ 103. Paatalen af Ærekrenkelser i Henhold til §§ 101 og 102 finder alene Sted efter Kongens Befaling eller med hans Samtykke.

§ 104. Handlinger av det i § 94 nevnte slag straffes med hefte eller fengsel inntil 10 år, såfremt hensikten var å forøve forbrytelse mot §§ 98, 99 eller 99 a, men med fengsel fra 1 til 12 år, såfremt hensikten var å forøve forbrytelse mot § 100 eller mot den militære straffelovs § 81 a, jfr. nærværende lovs §§ 98 og 99.

§ 104 a. Den som danner eller deltar i en privat organisasjon av militær karakter eller som rekrutterer medlemmer til eller støtter en slik organisasjon, straffes med fengsel inntil 2 år. Råder organisasjonen eller dens medlemmer over forråd av våpen eller sprengstoff, har organisasjonen medlemmer under 18 år, bruker den personer under 18 år under fiendtligheter eller foreligger det andre særlig skjerpende omstendigheter, er straffen fengsel inntil 6 år.

På samme måte straffes den som danner, deltar i, rekrutterer medlemmer til eller støtter en forening eller sammenslutning som har til formål ved sabotasje, maktanvendelse eller andre ulovlige midler å forstyrre samfunnsordenen eller å oppnå innflytelse i offentlige anliggender dersom foreningen eller sammenslutningen har tatt skritt for å realisere formålet med ulovlige midler.

10de Kapitel. Forbrydelser med Hensyn til Udøvelsen af statsborgerlige Rettigheder.

§ 105. Den, som ved Trusel, ved Ydelse af eller Løfte om nogen Fordel, ved løgnagtige Forespeilinger eller ved andre utilbørlige Midler søger at øve Indflydelse paa en andens Optræden eller Stemmegivning i offentlige Anliggender eller at afholde nogen fra at stemme, eller som medvirker hertil, straffes med Hefte indtil 3 Aar. Under særdeles formildende Omstændigheder kan Bøder anvendes.

§ 106. Den, som ved stemmegivning i offentligt Anliggende paa Grund af Aftale om eller Modtagelse af nogen Fordel stemmer paa en vis Maade eller afholder sig fra at stemme eller afgiver Tilsagn om at stemme paa en vis Maade eller at afholde sig fra at stemme, straffes med Bøder eller med Fængsel indtil 6 Maaneder.

§ 107. Den, som ved usandfærdigt Foregivende uberettiget forskaffer sig selv eller andre Anerkjendelse som stemmeberettiget i offentligt Anliggende, eller som tilsniger sig eller andre Adgang til uberettiget Deltagelse i Afstemning i saadant Anliggende, eller som medvirker hertil, straffes med Hefte indtil 3 Aar.

Paa samme Maade straffes den, som ved retsstridig Adfærd bevirker eller medvirker til, at nogen stemmer anderledes, end han ved sin Stemmegivning tilsigtede, eller afgiver en ugyldig Stemme eller afholdes fra at stemme.

Under særdeles formildende Omstændigheder kan Bøder anvendes.

§ 108. Den, som ved retsstridig Adfærd bevirker eller medvirker til, at Udfaldet af Stemmegivning i offentligt Anliggende forvanskes eller forspildes, eller at nogen afgiven Stemme ikke medregnes straffes med Hefte indtil 4 Aar.

§ 109. (Opphevet ved lov 22 mai 1953 nr. 3.)

11te Kapitel. Forbrydelser i den offentlige Tjeneste.

§ 110. En Dommer, et lagrettemedlem eller et skjønnsmedlem, der som saadan handler mod bedre Vidende, straffes med Fængsel indtil 5 Aar.

Har han derved bevirket eller medvirket til, at nogen urettelig fældes i Straf eller større Straf end fortjent, straffes han med Fængsel i mindst 2 Aar.

Er paa Grund af Forbrydelsen Dødsstraf fuldbyrdet eller Frihedsstraf udstaaet i mere end 5 Aar, kan Fængsel inntil 21 år anvendes.

§ 111. Fordrer en offentlig Tjenestemand enten for sig selv eller en anden Tjenestemand eller for det offentlige en ulovlig Skat, Afgift eller Godtgjørelse for Tjenestehandling eller modtager han, hvad der af Vildfarelse tilbydes ham som saaledes skyldigt, straffes han med Fængsel indtil 5 Aar.

Beholder han det i god Tro oppebaarne efter at være bleven opmerksom paa Feilen, straffes han med Bøder, Tjenestens Tab eller med Fængsel indtil 3 Maaneder.

§§ 112–114. (Opphevet ved lov 4 juli 2003 nr. 79.)

§ 115. En offentlig Tjenestemand, som, for i en Straffesag at opnaa en Forklaring i en bestemt Retning eller en Tilstaaelse, anvender ulovlige Midler, straffes med Bøder, Tjenestens Tab eller med Hefte indtil 2 Aar.

§ 116. En offentlig Tjenestemand, som foretager en ulovlig Ransagning af Hus eller Person eller en ulovlig Beslaglæggelse af Breve eller Telegrammer, straffes med Bøder, Tjenestens Tab eller Hefte indtil 2 Aar.

§ 117. Med Fængsel indtil 6 Aar straffes den offentlige Tjenestemand, som foretager en ulovlig Fuldbyrdelse af Frihedsstraf, en ulovlig Fængsling, Paagribelse eller anden Frihedsberøvelse, Udvisning eller Forvisning, eller som ulovlig forlænger en Frihedsberøvelse eller skjærper dens Strenghed.

Med Fængsel i mindst 2 Aar eller inntil 21 år straffes den offentlige Tjenestemand, som foretager en ulovlig Fuldbyrdelse af Dødsstraf.

Under særdeles formildende Omstændigheder, navnlig naar Forbrydelsen alene bestaar i Tilsidesættelse af den lovbestemte Fremgangsmaade eller Overskridelse af den vedkommende Tjenestemand tilliggende Myndighed, anvendes Straf af Bøder eller Tjenestens Tab eller af Hefte indtil 2 Aar.

§ 117a. Den som begår tortur, straffes med fengsel i inntil 15 år. Ved grov og alvorlig tortur med døden til følge, kan fengsel inntil 21 år anvendes. Medvirkning straffes på samme måte.

Med tortur menes at en offentlig tjenestemann påfører en annen person skade eller alvorlig fysisk eller psykisk smerte,

a) med forsett om å oppnå opplysninger eller en tilståelse,

b) med forsett om å avstraffe, true, eller tvinge noen, eller

c) på grunn av personens trosbekjennelse, rase, hudfarge, kjønn, homofil legning, leveform eller orientering eller nasjonale eller etniske opprinnelse.

Med offentlig tjenestemann menes i denne bestemmelsen enhver som

a) utøver offentlig myndighet på vegne av stat eller kommune, eller

b) utfører tjeneste eller arbeid som stat eller kommune i medhold av lov eller forskrift skal oppnevne noen for å utføre eller helt eller delvis skal betale for.

Det regnes også som tortur at handlinger som nevnt i annet ledd, begås av en person som handler etter oppfordring eller med uttrykkelig eller underforstått samtykke fra en offentlig tjenestemann.

§ 118. En offentlig Tjenestemand, som ved Misbrug af sin Stilling hindrer nogens lovlige Straffældelse eller Fældelse til den forskyldte Straf, eller som udenfor de i Loven hjemlede Tilfælde eller paa anden end den lovhjemlede Maade undlader at forfølge en strafbar Handling, straffes med Tjenestens Tab eller med Hefte eller Fængsel indtil 3 Aar.

Under særdeles formildende Omstændigheder kan Bøder anvendes.

§ 119. En offentlig Tjenestemand, som ved pligtstridigt Forhold i Tjenesten bevirker, at en sigtet eller straffældt Person undviger, eller at en idømt Straf ikke bringes til Fuldbyrdelse, eller at en mildere end den idømte fuldbyrdes, straffes med Tjenestens Tab eller med Hefte eller Fængsel indtil 5 Aar.

Under særdeles formildende Omstændigheder kan Bøder anvendes.

§ 120. Har en offentlig Tjenestemand i nogen Tjenesten vedkommende Protokol anført Usandhed eller lagt Skjul paa Sandheden, eller har han ved Udfærdigelsen af Protokoludskrift, Telegram eller Telefonmeddelelse eller ved Stempling, Merkning eller anden tjenstlig Erklæring, der er afgiven for at tjene som Bevis, anført eller bevidnet Usandhed eller lagt Skjul paa Sandheden, straffes han med Tjenestens Tab eller med Fængsel indtil 3 Aar, men indtil 6 Aar, saafremt han har handlet i Hensigt at forskaffe sig eller andre en uberettiget Vinding eller at skade nogen.

§ 121. Den som forsettlig eller grovt uaktsomt krenker taushetsplikt som i henhold til lovbestemmelse eller gyldig instruks følger av hans tjeneste eller arbeid for statlig eller kommunalt organ, straffes med bøter eller med fengsel inntil 6 måneder.

Begår han taushetsbrudd i den hensikt å tilvende seg eller andre en uberettiget vinning eller utnytter han i slik hensikt på annen måte opplysninger som er belagt med taushetsplikt, kan fengsel inntil 3 år anvendes. Det samme gjelder når det foreligger andre særdeles skjerpende omstendigheter.

Denne bestemmelse rammer også taushetsbrudd m.m. etter at vedkommende har avsluttet tjenesten eller arbeidet.

§ 122. En offentlig Tjenestemand, der ulovlig aabner eller tilsteder nogen at aabne et ham i Tjenestens Medfør betroet Brev, straffes med Tjenestens Tab eller med Fængsel indtil 3 Aar, men indtil 6 Aar, saafremt han forøver Forbrydelsen for at forskaffe sig eller andre en uberettiget Vinding.

§ 123. Misbruger en offentlig Tjenestemand sin Stilling til ved Foretagelse eller Undladelse af Tjenestehandling at krænke nogens Ret, straffes han med Bøder eller Tjenestens Tab eller med Fængsel indtil 1 Aar.

Har han handlet for at forskaffe sig eller andre en uberettiget Vinding, eller er ved Forbrydelsen betydelig Skade eller Retskrænkelse forsætlig voldt, kan Fængsel indtil 5 Aar anvendes.

§ 124. En offentlig Tjenestemand, som retsstridig benytter sin offentlige Stilling til at formaa eller at søge at formaa nogen til at gjøre, taale eller undlade noget, straffes med Bøder eller Tjenestens Tab.

§ 125. En offentlig Tjenestemand, der forleder eller tilskynder nogen ham i offentlig Tjeneste underordnet eller hans Opsyn undergiven Tjenestemand til at forbryde sig i denne Tjeneste, eller som bistaar ham dermed eller vidende lader ham gjøre det eller som misbruger sin offentlige Stilling til at tilskynde en anden offentlig Tjenestemand til Forbrydelse i Tjenesten eller til at bistaa ham dermed, straffes efter de samme Straffebud som denne.

Straffen kommer til Anvendelse uden Hensyn til, om den anden Tjenestemand paa Grund af god Tro eller af andre Grunde ikke er strafskyldig.

§ 126. (Opphevet ved lov 22 mai 1953 nr. 3.)

12te Kapitel. Forbrydelser mod den offentlige Myndighed.

§ 127. Den, som ved Vold søger at formaa en offentlig Tjenestemand til at foretage eller undlade en Tjenestehandling eller at hindre ham under en saadan, eller som medvirker hertil, straffes med Fængsel indtil 3 Aar, men indtil 5 Aar, naar han udfører Forbrydelsen i Forening med nogen anden.

Har Tjenestemanden ved utilbørligt Forhold givet Anledning til Forbrydelsen, anvendes Bøder eller Fængsel indtil 1 Aar. Under særdeles formildende Omstændigheder kan i dette Tilfælde Straf bortfalde.

Som offentlige Tjenestemænd ansees her ogsaa ved Jernbanerne ansatte Betjente, militære Vagter samt enhver, som efter Opfordring eller pligtmæssig yder en offentlig Tjenestemand Bistand.

I Tilfælde af Gjensidighed kan Kongen bestemme, at ovenstaaende Straffe ogsaa finder Anvendelse paa Forbrydelser mod andet Lands offentlige Myndighed.

§ 128. Den, som ved Trusler søger at formaa en offentlig Tjenestemand til uretmæssig at foretage eller undlade en Tjenestehandling, eller som medvirker hertil, straffes med Bøder eller med Fængsel indtil 1 Aar.

Som offentlig tjenestemann etter første ledd regnes også utenlandske offentlige tjenestemenn og tjenestemenn i mellomstatlige organisasjoner.

Bestemmelsene i § 127 tredje ledd får tilsvarende anvendelse.

§ 129. Den, som uhjemlet udøver nogen offentlig Myndighed eller medvirker hertil, straffes med Bøder eller med Fængsel indtil 6 Maaneder, men med Fængsel indtil 2 Aar, saafremt han har handlet i Hensigt at tilvende sig eller andre en uberettiget Fordel eller at skade nogen.

§ 130. Med Bøder eller med Hefte eller Fængsel indtil 1 Aar straffes den, som mod bedre Vidende offentlig tillægger nogen af Statsmagterne eller en anden offentlig Myndighed Handlinger, som de ikke har foretaget, eller giver en vildledende Fremstilling af de Omstændigheder, hvorunder eller den Maade, hvorpaa de har handlet, eller som medvirker hertil.

Er den urigtige Paastand fremført i Hensigt at skade vedkommende Myndighed i det almindelige Omdømme, kommer samme Straf til Anvendelse, ogsaa naar Paastanden er fremført af grov Uagtsomhed.

Er Forbrydelsen forøvet mod Storthinget, nogen af dets Afdelinger, Komiteer eller Tjenestemænd, finder Paatale alene Sted efter Begjæring af Storthinget. Ellers finder Paatale Sted efter Begjæring af vedkommende Regjeringsdepartement eller efter Kongens Bestemmelse.

§ 131. Den, som bevirker eller medvirker til, at nogen, der som dømt eller sigtet for en strafbar Handling lovlig er berøvet Friheden, ulovlig slippes løs eller undviger fra de Rum, hvor han holdes forvaret, eller fra den, under hvis Bevogtning han befinder sig, straffes med Hefte eller Fængsel indtil 3 Aar, men indtil 5 Aar, saafremt der handles om en Fange, der er dømt eller sigtet for en Forbrydelse, som kan medføre Fængsel inntil 21 år.

Under særdeles formildende Omstændigheder kan Bøder anvendes.

§ 132. Med Bøder eller med Hefte eller Fængsel indtil 2 Aar straffes den, som, i Hensigt at modarbeide en offentlig Undersøgelse, der er eller maatte blive anstillet angaaende nogen strafbar Handling, bevirker eller medvirker til, at Gjenstande af Betydning for Undersøgelsen tilintetgjøres, bringes tilside eller forvanskes, eller at Gjerningens Spor paa anden Maade udslettes.

På samme måte straffes den som bevirker eller medvirker til at noen ved flukt eller ved å holdes skjult eller utgis for en annen person søkes unndratt forfølgning eller straff for en straffbar handling eller særreaksjon.

På den som har handlet i hensikt å unndra seg selv eller noen av sine nærmeste fra forfølgning, straff eller særreaksjon, kommer straff ikke til anvendelse.

§ 132 a. For motarbeiding av rettsvesenet straffes den som ved vold, trusler, skadeverk eller annen rettsstridig atferd overfor en aktør i rettsvesenet eller noen av hans nærmeste

a) opptrer slik at det er egnet til å påvirke aktøren til å foreta eller unnlate en handling, et arbeid eller en tjeneste i forbindelse med en straffesak eller en sivil sak, eller

b) gjengjelder en handling, et arbeid eller en tjeneste som aktøren har utført i forbindelse med en straffesak eller en sivil sak.

Med aktør i rettsvesenet menes den som

a) har anmeldt et straffbart forhold, har begjært gjenopptakelse av en straffesak eller er part i en sivil sak,

b) har avgitt forklaring for politiet, for retten eller for gjenopptakelseskommisjonen,

c) arbeider eller utfører tjeneste for politiet, påtalemyndigheten, domstolen, kriminalomsorgen eller gjenopptakelseskommisjonen,

d) er forsvarer, bistandsadvokat eller prosessfullmektig, eller

e) vurderer å foreta en slik handling eller å påta seg et slikt arbeid eller en slik tjeneste.

Medvirkning er straffbar.

Motarbeiding av rettsvesenet straffes med fengsel inntil 5 år. Er handlingen utført under særdeles skjerpende omstendigheter, kan fengsel inntil 10 år anvendes. Ved avgjørelsen av om det foreligger særdeles skjerpende omstendigheter, skal det særlig legges vekt på om overtredelsen har voldt fare for noens liv eller helbred, er begått ved flere anledninger eller av flere i fellesskap eller har et systematisk eller organisert preg.

Grov uaktsom motarbeiding av rettsvesenet straffes med fengsel inntil 5 år.

§ 132 b. Den som handler i strid med pålegg om taushet fastsatt i medhold av straffeprosessloven §§ 200 a, 208 a, 210 a, jf 208 a eller 210 c eller politiloven § 24 annet ledd, straffes med bøter eller med fengsel inntil 2 år.

§ 133. Den, som uden Kongens Tilladelse hverver Mandskab her i Riget til fremmed Krigstjeneste, eller som medvirker hertil, straffes med Bøder eller med Hefte indtil 1 Aar.

§ 134. Den, som, i hensigt at unddra sig sin vernepligt her i landet, ved lemlæstelse eller paa anden maate gjør sig ubrukbar til krigstjeneste, eller som medvirker til, at nogen i saadan hensigt gjøres ubrukbar til krigstjeneste, straffes med fængsel indtil 1 aar.

Med bøter eller med hefte eller fængsel indtil 1 aar straffes den, som medvirker til, at nogen, der staar i norsk krigstjeneste, rømmer eller undlater at indfinde sig til krigstjeneste, eller til, at der forøves nogen efter militær lov strafbar handling, der kan medføre 2 aars fængsel eller strengere straf.

Som i andet led bestemt straffes ogsaa den, som offentlig søker at ophidse nogen, som hører til den væbnede magt, til uvilje mot tjenesten eller til hat mot militære foresatte eller overordnede.

13de Kapitel. Forbrydelser mod den almindelige Orden og Fred.

§ 135. Med Bøder eller med Hefte eller Fængsel indtil 1 Aar straffes den som udsætter den almindelige Fred for Fare ved offentlig at forhaane eller ophidse til Had mod Statsforfatningen eller nogen offentlig Myndighed eller ved offentlig at ophidse en Del af Befolkningen mod en anden, eller som medvirker hertil.

§ 135 a. Den som forsettlig eller grovt uaktsomt offentlig setter frem en diskriminerende eller hatefull ytring, straffes med bøter eller fengsel inntil 3 år. Som ytring regnes også bruk av symboler. Medvirkning straffes på samme måte.

Med diskriminerende eller hatefull ytring menes det å true eller forhåne noen, eller fremme hat, forfølgelse eller ringeakt overfor noen på grunn av deres

a) hudfarge eller nasjonale eller etniske opprinnelse,

b) religion eller livssyn,

c) homofile legning, leveform eller orientering, eller

d) nedsatte funksjonsevne.

§ 136. Den, som bevirker, at der finder Opløb Sted i Hensigt at øve Vold mod Person eller Gods eller at true dermed, eller som medvirker til Istandbringelsen af saadant Opløb, eller som ved et Opløb, under hvilket ovennævnte Hensigt lægges for Dagen, optræder som Leder eller Fører, straffes med Fængsel indtil 3 Aar.

Forøves under Opløbet nogen saadan Forbrydelse mod Person eller Gods som ved Opløbet tilsigtet, eller som Deltagerne under dette har lagt for Dagen at ville forøve, eller nogen Forbrydelse mod den offentlige Myndighed, bliver de ovennævnte ligesaavel som enhver i Forbrydelsen delagtig at straffe med Fængsel fra 2 Maaneder indtil 5 Aar, men med den for Forbrydelsen bestemte Straf, forøget med indtil en Halvdel, saafremt herved strengere Straf fremkommer.

§ 137. Den, som er tilstede eller medvirker til, at nogen anden er tilstede i saadant Opløb som i § 136 nævnt efterat Paabud om at begive sig rolig bort af Øvrigheden er forkyndt, straffes med Fængsel indtil 3 Maaneder, men indtil 2 Aar, saafremt der under hans Tilstedeværelse forøves nogen Forbrydelse mod den offentlige Myndighed eller nogen saadan Forbrydelse mod Person eller Gods som ved Opløbet tilsigtet, eller som Deltagerne under samme har lagt for Dagen at ville forøve.

§ 138. Med Bøder eller med Fængsel indtil 6 Maaneder straffes den, som bevirker eller medvirker til, at offentlig Forretning, offentlig religiøs Sammenkomst, kirkelig Handling, offentlig Undervisning eller Skoleundervisning, Auktion eller offentlig Sammenkomst til Behandling af alment Anliggende ulovlig hindres eller afbrydes.

§ 139. Med bot eller fengsel inntil 1 år straffes den som unnlater å anmelde til politiet eller på annen måte å søke å avverge en straffbar handling eller følgene av den, på et tidspunkt da dette fortsatt er mulig og det fremstår som sikkert eller mest sannsynlig at handlingen vil bli eller er begått. Avvergingsplikten gjelder uten hensyn til taushetsplikt og innebærer en plikt til å avverge mytteri, krigsforræderi, spionasje eller forbund om rømning etter militær straffelov eller en forbrytelse mot lov om forsvarshemmeligheter §§ 1, 2, 3 eller 4 eller en forbrytelse som nevnt i denne lovs §§ 83, 84, 86, 87 nr. 2, 90, 91, 92, 93, 94, 98, 99, 99 a, 100, 104 a, 148, 149, 150, 151 a, 151 b første og tredje ledd, 152, 152a, 153, 154, 159, 169, 192, 193, 195, 197, 199, 200 annet ledd, 217, 219, 223 annet og tredje ledd, 225, 229 annet og tredje straffalternativ, 231, 233, 233 a, 234, 242, 243, 267, 268 eller 269 eller følgene av en av disse handlingene. Ved forbrytelse mot §§ 197 og 199 gjelder plikten likevel bare når fornærmede er under 16 år. Medvirkning straffes på samme måte.

Dog er han straffri, såfremt forbrytelsen ikke kommer til fullbyrdelse eller til straffbart forsøk, eller såfremt avvergelsen ikke kunne skje uten å utsette ham selv, noen av hans nærmeste eller noen uskyldig for tiltale eller fare for liv, helbred eller velferd.

På samme måte, dog i intet tilfelle med høyere straff enn den for forbrytelsen selv satte, straffes den overordnede, der har unnlatt å hindre en i hans tjeneste forøvet forbrytelse, såfremt dette var ham mulig.

§ 140. Den, som offentlig opfordrer eller tilskynder til Iværksettelsen af en strafbar Handling eller forherliger en saadan eller tilbyder at udføre eller bistaa ved Udførelsen af en saadan, eller som medvirker til Opfordringen, Tilskyndelsen, Forherligelsen eller Tilbudet, straffes med Bøder eller med Hefte eller Fængsel indtil 8 Aar, dog i intet Tilfælde med høiere Frihedsstraf end to Tredjedele af den høieste for Handlingen selv anvendelige.

Lige med strafbare Handlinger regnes her Handlinger, til hvis Foretagelse det er strafbart at forlede eller tilskynde.

§ 141. Den, som ved falske Forespeilinger eller anden underfundig Adfærd forleder nogen til at udvandre her fra Riget, eller som medvirker hertil, straffes med Bøder eller med Fængsel indtil 1 Aar.

§ 142. Den som i ord eller handling offentlig forhåner eller på en krenkende eller sårende måte viser ringeakt for nogen trosbekjennelse hvis utøvelse her i riket er tillatt eller noget lovlig her bestående religionssamfunds troslærdommer eller gudsdyrkelse, eller som medvirker hertil, straffes med bøter eller med hefte eller fengsel inntil 6 måneder.

Påtale finner bare sted når allmenne hensyn krever det.

§ 143. Med Fængsel indtil 2 Aar straffes den, som mishandler et Lig eller uberettiget bemægtiger sig et i en andens Varetægt værende Lig eller uden Hjemmel opgraver eller bortfører et begravet Lig, eller som medvirker hertil. Under særdeles formildende Omstændigheder kan Bøder anvendes.

Den, som borttager et Lig eller fra et Lig, en Grav eller et Gravminde borttager nogen Gjenstand i Hensigt ved Ligets eller Gjenstandens Tilegnelse at forskaffe sig eller andre en uberettiget Vinding, eller som medvirker hertil, straffes efter Kapitel 24 uden Hensyn til, om Liget eller Gjenstanden er i nogens Eie.

§ 144. Prester i statskirken, prester eller forstandere i registrerte trossamfunn, advokater, forsvarere i straffesaker, meklingsmenn i ekteskapssaker, leger, psykologer, apotekere, jordmødre og sykepleiere samt disses betjenter eller hjelpere, som rettsstridig åpenbarer hemmeligheter, som er dem eller deres foresatte betrodd i stillings medfør, straffes med bøter eller med fengsel inntil 6 måneder.

Offentlig Paatale finder alene Sted efter fornærmedes Begjæring, eller hvor det kræves af almene Hensyn.

§ 145. Den som uberettiget bryter brev eller annet lukket skrift eller på liknende måte skaffer seg adgang til innholdet, eller baner seg adgang til en annens låste gjemmer, straffes med bøter eller med fengsel inntil 6 måneder eller begge deler.

Det samme gjelder den som uberettiget skaffer seg adgang til data eller programutrustning som er lagret eller som overføres ved elektroniske eller andre tekniske hjelpemidler.

Voldes skade ved erverv eller bruk av slik uberettiget kunnskap, eller er forbrytelsen forøvet i hensikt å skaffe noen en uberettiget vinning, kan fengsel inntil 2 år anvendes.

Medvirkning straffes på samme måte.

Offentlig påtale finner bare sted når allmenne hensyn krever det.

§ 145 a. Med bøter eller fengsel inntil 6 måneder straffes den som

1. ved hjelp av hemmelig lytteapparat avlytter telefonsamtale eller annen samtale mellom andre, eller forhandlinger i lukket møte som han ikke selv deltar i, eller

2. ved hjelp av lydbånd eller annen teknisk innretning hemmelig gjør opptak av samtale som foran nevnt eller av forhandlinger i lukket møte som han enten ikke selv deltar i, eller som han har skaffet seg adgang til ved falske foregivender eller ved å snike seg inn, eller

3. anbringer lytteapparat, lydbånd eller annen teknisk innretning i øyemed som foran nevnt.

Medvirkning straffes på samme måte.

Offentlig påtale finner bare sted når det kreves av almene hensyn.

§ 145b. Med bot eller fengsel inntil 1 år straffes den som med forsett om å begå en straffbar handling uberettiget fremstiller, anskaffer, besitter eller gjør tilgjengelig for en annen

a) passord eller andre opplysninger som kan gi tilgang til databasert informasjon eller datasystem, eller

b) dataprogram eller annet som er særlig egnet som middel til å begå straffbare handlinger som retter seg mot databasert informasjon eller datasystem. På samme måte straffes den som uten forsett om å begå en straffbar handling besitter et selvspredende dataprogram, og besittelsen skyldes uberettiget fremstilling eller anskaffelse av programmet.

Medvirkning straffes på samme måte.

§ 145c. Med bot eller fengsel inntil 2 år straffes den som ved å overføre, skade, slette, forringe, endre, tilføye eller fjerne informasjon uberettiget volder fare for avbrudd eller vesentlig hindring av driften av et datasystem.

Medvirkning straffes på samme måte.

§ 146. Med Bøder eller med Fængsel indtil 1 Aar straffes den, som uberettiget bevirker eller medvirker til, at en til nogen anden rettet skriftlig Meddelelse ved at tilintetgjøres, skjules eller holdes tilbage enten overhovedet ikke eller ikke i betimelig Tid kommer frem til Vedkommendes Kundskab.

Volder den skyldige Skade ved Forbrydelsen, eller har han handlet i Hensigt at forskaffe sig eller andre en uberettiget Vinding, kan Fængsel indtil 3 Aar anvendes.

Offentlig Paatale finder ikke Sted uden fornærmedes Begjæring.

§ 147. Straffbart innbrudd foreligger når noen baner seg eller en annen uberettiget adgang til hus, fartøy, jernbanevogn, motorvogn eller luftfartøy eller til noe rom i sådanne eller til lukket gårdsrom eller lignende oppbevarings- eller tilholdssted ved å beskadige gjenstand som er egnet til beskyttelse mot inntrengen, eller ved hjelp av dirk, falsk nøkkel eller rett nøkkel som ulovlig er fravendt besitteren.

Den, der gjør sig skyldig i Indbrud, eller som medvirker hertil, straffes med bøter eller med Fængsel indtil 1 Aar. Er Forbrydelsen forøvet af nogen bevæbnet eller af flere i Forening, anvendes Fængsel indtil 2 Aar, men indtil 4 Aar, saafremt den er forøvet i Hensigt at bane Adgang til nogen anden Forbrydelse.

Paa samme Maade straffes den, som ved voldsom eller truende Adfærd søger at tiltvinge sig eller en anden uberettiget Adgang til eller Ophold paa saadant Sted, eller som retsstridig sniger sig ind i beboet Hus eller Rum, der om Natten pleier at holdes stængt, for der at lade sig indestænge, eller som ved Hjælp af Forklædning eller en foregiven eller misbrugt offentlig Egenskab eller Ordre eller ved Benyttelse af noget falsk eller en anden vedkommende Dokument skaffer sig eller en anden uberettiget Adgang til eller Ophold i beboet Hus eller Rum, eller som medvirker hertil.

14de Kapitel. Almenfarlige Forbrydelser.

§ 147 a. En straffbar handling som nevnt i §§ 148, 151 a, 151 b første ledd jf. tredje ledd, 152 annet ledd, 152 a første, tredje og fjerde ledd, 152 b, 152 c, 153 første til tredje ledd, 154, 223 annet ledd, 224, 225 første eller annet ledd, 231 jf. 232, eller 233 anses som en terrorhandling og straffes med fengsel inntil 21 år når handlingen er begått med det forsett

a) å forstyrre alvorlig en funksjon av grunnleggende betydning i samfunnet, som for eksempel lovgivende, utøvende eller dømmende myndighet, energiforsyning, sikker forsyning av mat eller vann, bank- og pengevesen eller helseberedskap og smittevern,

b) å skape alvorlig frykt i en befolkning, eller

c) urettmessig å tvinge offentlige myndigheter eller en mellomstatlig organisasjon til å gjøre, tåle eller unnlate noe av vesentlig betydning for landet eller organisasjonen, eller for et annet land eller en annen mellomstatlig organisasjon.

Straffen kan ikke settes under minstestraffen som er bestemt i straffebudene som er nevnt i første punktum.

Grov terrorhandling straffes med fengsel inntil 30 år. Ved avgjørelsen av om terrorhandlingen er grov, skal det særlig legges vekt på om den

a) har medført tap av flere menneskeliv eller svært omfattende ødeleggelse av eiendom eller miljø, eller særlig nærliggende fare for det,

b) er utført med særlig skadelige midler,

c) er begått av en person som i kraft av sin stilling nyter en særlig tillit som kan utnyttes til å gjennomføre en terrorhandling.

Med fengsel inntil 12 år straffes den som med slikt forsett som nevnt i første ledd, truer med å begå en straffbar handling som nevnt i første ledd, under slike omstendigheter at trusselen er egnet til å fremkalle alvorlig frykt. Får trusselen en følge som nevnt i første ledd bokstavene a, b eller c, kan fengsel inntil 21 år idømmes. Medvirkning straffes på samme måte.

Med fengsel inntil 12 år straffes den som planlegger eller forbereder en terrorhandling som nevnt i første ledd, ved å inngå forbund med noen om å begå en slik handling.

Den som har forsett om å fullbyrde et lovbrudd som nevnt i første eller annet ledd, og foretar handlinger som legger til rette for og peker mot gjennomføringen, straffes for forsøk som etter § 51. § 50 gjelder tilsvarende.

§ 147 b. Med fengsel inntil 10 år straffes den som fremskaffer eller samler inn penger eller andre formuesgoder, med det forsett at formuesgodene helt eller delvis skal finansiere terrorhandlinger eller andre overtredelser av § 147 a.

På samme måte straffes den som stiller penger eller andre formuesgoder, eller banktjenester eller andre finansielle tjenester til rådighet for

a) en person eller et foretak som begår eller forsøker å begå lovbrudd som nevnt i § 147 a,

b) et foretak som noen som nevnt i bokstav a eier eller har kontroll over, eller

c) et foretak eller en person som handler på vegne av eller på instruks fra noen som nevnt i bokstavene a eller b.

Medvirkning straffes på samme måte.

§ 147 c. Med fengsel inntil 6 år straffes den som

a) offentlig oppfordrer noen til å iverksette en handling som nevnt i §§ 147 a første eller tredje ledd eller 147 b første eller annet ledd, eller lov 20. mai 2005 nr. 28 §§ 138 til 144,

b) rekrutterer noen til å begå en handling som nevnt i §§ 147 a første eller tredje ledd eller 147 b første eller annet ledd, eller lov 20. mai 2005 nr. 28 §§ 138 til 144,

c) gir opplæring i metoder eller teknikker som er særlig egnet til å utføre eller bidra til utførelsen av en handling som nevnt i §§ 147 a første eller tredje ledd eller 147 b første eller annet ledd, eller lov 20. mai 2005 nr. 28 §§ 138 til 144, med forsett om at ferdighetene skal brukes til dette, eller

d) lar seg lære opp i metoder eller teknikker som er særlig egnet til å utføre eller bidra til utførelsen av en handling som nevnt i §§ 147 a første eller tredje ledd eller 147 b første eller annet ledd, eller lov 20. mai 2005 nr. 28 §§ 138 til 144, med forsett om å bruke ferdighetene til dette eller med forsett om at opplæringen gis med dette for øyet.

Medvirkning straffes på samme måte.

§ 147 d. Med fengsel inntil 6 år straffes den som danner, deltar i, rekrutterer medlemmer eller yter økonomisk eller annen materiell støtte til en terrororganisasjon, når organisasjonen har tatt skritt for å realisere formålet med ulovlige midler.

§ 148. Den som volder ildebrann, sammenstyrtning, sprengning, oversvømmelse, sjøskade, jernbaneulykke eller luftfartsulykke hvorved tap av menneskeliv eller utstrakt ødelæggelse av fremmed eiendom lett kan forårsakes, eller som medvirker hertil, straffes med fengsel fra 2 år inntil 21 år, men ikke under 5 år såfremt noen på grunn av forbrytelsen omkommer eller får betydelig skade på legeme eller helbred.

Forsøg kan straffes lige med fuldbyrdet Forbrydelse.

§ 149. Med Fængsel i mindst 1 Aar straffes den, som under saadan Ulykke som i § 148 omhandlet eller vidende om, at en saadan truer, ved Ødelæggelse, Beskadigelse eller Fjernelse af Redskaber eller paa anden Maade søger at hindre dens Forebyggelse eller Bekjæmpelse, eller som medvirker hertil.

§ 150. Med fengsel inntil 6 år straffes den som framkaller slik fare som nevnt i § 148

a) ved å unnlate å utføre en ham påhvilende særlig plikt,

b) ved rettstridig å ødelegge, bortta eller beskadige en gjenstand eller et til vegledning anbrakt tegn,

c) ved å gi eller anbringe falsk tegn,

d) ved å anbringe hindring i skipsfarvann,

e) ved å forstyrre den sikre drift av skip, buss, jernbane, luftfartøy eller innretninger eller anlegg på kontinentalsokkelen eller

f) ved å medvirke til slik atferd som nevnt under a-e.

Voldes slik ulykke som nevnt i § 148, anvendes fengsel inntil 12 år.

Forsøk kan straffes på samme måte som fullbyrdet forbrytelse.

Har nogen foretaget en ovennævnt Handling uden at være opmerksom paa Faren eller af Uagtsomhed, straffes han med Bøder eller med Fængsel indtil 1 Aar.

§ 151. Er sådan ildebrann, sammenstyrtning, sprengning, oversvømmelse, sjøskade, jernbaneulykke eller luftfartsulykke som i § 148 omhandlet voldt ved uaktsomhet, straffes den skyldige med bøter eller med fengsel inntil 3 år.

§ 151 a. Med fengsel fra 2 år inntil 21 år straffes den som om bord i skip eller luftfartøy ved vold, trusler eller på annen måte ulovlig tiltvinger seg kontroll over fartøyet eller for øvrig griper inn i seilasen eller flygingen. På samme måte straffes den som ved tilsvarende midler ulovlig tiltvinger seg kontroll over innretninger eller anlegg på kontinentalsokkelen. Under særdeles formildende omstendigheter kan straffen settes under det nevnte lavmål.

Medvirkning straffes på samme måte.

Forsøk kan straffes like med fullbyrdet forbrytelse.

§ 151 b. Den som ved å ødelegge, skade eller sette ut av virksomhet informasjonssamling eller anlegg for energiforsyning, kringkasting, elektronisk kommunikasjon eller samferdsel volder omfattende forstyrrelse i den offentlige forvaltning eller i samfunnslivet for øvrig, straffes med fengsel inntil 10 år.

Uaktsomme handlinger som nevnt i første ledd straffes med bøter eller med fengsel inntil 1 år.

Medvirkning straffes på samme måte.

§ 152. Med Fængsel indtil 5 Aar straffes den, som retsstridig tilsætter Beholdninger eller Vandløb, hvorfra Drikkevand til Mennesker eller Husdyr tages, sundhedsskadelige Stoffe eller medvirker hertil.

Har man derved forvoldt almindelig Fare for Menneskers Liv eller Helbred, er Straffen Fængsel indtil 21 år, og hvis nogens Død eller betydelig Skade paa Legeme eller Helbred er bleven Følgen Fængsel fra 1 Aar indtil 21 år.

Uagtsomme Handlinger af den i foregaaende Led nævnte Art straffes med Bøder eller Fængsel indtil 1 Aar.

§ 152 a. Med fengsel inntil 21 år straffes den som med forsett om derved å volde fare for tap av menneskeliv eller betydelig skade på legeme, eiendom eller miljø ulovlig

a) bruker eksplosivt eller radioaktivt materiale, biologiske eller kjemiske våpen eller en kjernefysisk eller radioaktiv anordning, eller

b) bruker eller skader et nukleært anlegg eller forstyrrer driften av et nukleært anlegg slik at det kan oppstå stråling eller utslipp av radioaktivt materiale.

På samme måte straffes den som med forsett om at noen derved skal tvinges til å gjøre, tåle eller unnlate noe, ulovlig

a) bruker eksplosivt eller radioaktivt materiale, biologiske eller kjemiske våpen eller en kjernefysisk eller radioaktiv anordning, eller

b) bruker eller skader et nukleært anlegg eller forstyrrer driften av et nukleært anlegg slik at det kan oppstå stråling eller utslipp av radioaktivt materiale.

Med fengsel inntil 15 år straffes den som ulovlig mottar, besitter, sprer, transporterer eller på annen måte har ulovlig befatning med

a) et eksplosivt eller radioaktivt materiale eller en kjernefysisk eller radioaktiv anordning, når materialet eller anordningen skal brukes for å tvinge noen til å gjøre, tåle eller unnlate noe eller brukes til en handling som volder fare for tap av menneskeliv eller betydelig skade på legeme, eiendom eller miljø, eller

b) et radioaktivt, biologisk eller kjemisk våpen, eller utstyr eller komponenter spesielt konstruert eller forberedt for fremstilling, bruk, produksjon eller levering av kjernefysisk materiale, når utstyret eller komponentene skal brukes i ulovlig kjernefysisk virksomhet.

Med fengsel inntil 10 år straffes den som

a) ved trusler, vold, tyveri, underslag, bedrageri eller på annen ulovlig måte søker å sette seg i besittelse av radioaktivt materiale, kjemiske eller biologiske våpen, en kjernefysisk eller radioaktiv anordning, eller et nukleært anlegg, eller

b) ulovlig bringer, sender eller forflytter radioaktivt materiale inn i eller ut av en stat.

Medvirkning til overtredelse av første til fjerde ledd straffes på samme måte.

§ 152 b. Med fengsel inntil 10 år straffes den som forsettlig eller grovt uaktsomt

(1) forurenser luft, vann, eller grunn slik at livsmiljøet i et område blir betydelig skadet eller trues av slik skade, eller

(2) lagrer, etterlater eller tømmer avfall eller andre stoffer med nærliggende fare for følge som nevnt i nr 1.

Hvis noens død eller betydelig skade på legeme eller helbred har blitt følgen, kan fengsel inntil 15 år anvendes.

Med fengsel inntil 6 år straffes den som forsettlig eller grovt uaktsomt

(1) minsker en naturlig bestand av fredede levende organismer som nasjonalt eller internasjonalt er truet av utryddelse, eller

(2) påfører betydelig skade på et område som er fredet ved vedtak med hjemmel i naturvernloven kapittel II, viltloven § 7, svalbardmiljøloven kapittel III, lov om Jan Mayen § 2 eller lov om Bouvet-øya, Peter I's øy og Dronning Maud Land m.m. § 2, eller

(3) påfører betydelig skade på kulturminner eller kulturmiljøer av særlig nasjonal eller internasjonal betydning.

Med fengsel inntil 2 år straffes den som i en væpnet konflikt forsettlig eller grovt uaktsomt bruker et kulturminne eller et kulturmiljø av særlig nasjonal eller internasjonal betydning til støtte for militære handlinger og ved det skaper fare for at kulturminnet eller kulturmiljøet skades. Straff kommer likevel ikke til anvendelse dersom det var tvingende militært nødvendig å handle på denne måten.

Medvirkning straffes som ellers bestemt i denne paragrafen.

§ 153. Med Fængsel indtil 21 år straffes den, der tilsætter Gjenstande, bestemte til almindelig Brug eller Forhandling, Gift eller andre saadanne Stoffe, at Gjenstanden ikke kan bruges efter sin Bestemmelse uden at volde Menneskers Død eller ødelægge Helbreden, eller som volder, at iøvrigt Forgiftning, der medfører almindelig Fare for Liv eller Helbred, finder Sted, eller som medvirker hertil.

Paa samme Maade straffes den, som med Fordølgelse af Gjenstandenes Beskaffenhed sælger, falholder eller iøvrigt søger at udbrede saadanne forgiftede eller med farlige Stoffe tilsatte Gjenstande som oven omhandlet, eller som medvirker hertil.

Er nogens Død eller betydelig Skade paa Legeme eller Helbred forvoldt, er Straffen Fængsel fra 1 Aar indtil 21 år.

Med Fængsel indtil 5 Aar straffes den, som med Fordølgelse af Gjenstandenes Beskaffenhed falholder, sælger eller paa anden Maade søger at udbrede som Næringsmidler for Mennesker eller Husdyr eller til anden Brug Gjenstande, der ved at bruges efter sin Bestemmelse er egnede til at skade Sundheden. Paa samme Maade straffes Medvirkning hertil.

Uagtsomme Handlinger af den i 1ste Led omhandlede Art straffes med Bøder eller med Fængsel indtil 1 Aar.

§ 153 a. (Opphevet ved lov 22 juni 2012 nr. 49 (i kraft 22 juni 2012).

§ 154. Den, som bevirker eller medvirker til, at en farlig smitsom Sygdom finder Indgang eller almindelig Udbredelse blandt Mennesker, Husdyr eller Vækster, straffes med Fængsel indtil 10 Aar. Under særdeles formildende Omstændigheder kan Bøder anvendes.

Har en saadan Handling som i 1ste Led nævnt medført, at noget Menneske omkommer eller faar betydelig Skade paa Legeme eller Helbred, er Straffen Fængsel fra 5 Aar indtil 21 år.

§ 154a. Den som forsettlig eller uaktsomt sprer uriktig eller villedende informasjon som i vesentlig grad kan motvirke gjennomføring av tiltak som er nødvendig for å hindre, stanse eller begrense alvorlig utbrudd av allmennfarlig smittsom sykdom, straffes med bøter eller fengsel inntil 2 år. Medvirkning straffes på samme måte.

§ 155. Den som med skjellig grunn til å tro at han er smitteførende med en allmennfarlig smittsom sykdom, forsettlig eller uaktsomt overfører smitte eller utsetter en annen for fare for å bli smittet, straffes med fengsel inntil 6 år ved forsettlig overtredelse og med fengsel inntil 3 år ved uaktsom overtredelse. Medvirkning straffes på samme måte. Er fornærmede den skyldiges nærmeste, finner offentlig påtale bare sted etter fornærmedes begjæring med mindre allmenne hensyn krever det.

§ 156. Den, som vidende om, at han derved volder Fare for, at en smitsom Sygdom finder Indgang eller almindelig Udbredelse blandt Mennesker eller Husdyr, overtræder de Regler, der lovlig er givne til Forebyggelse eller Motarbeidelse af Sygdommen, eller enkeltvedtak truffet i medhold av smittevernloven, straffes med Bøder eller med Fængsel indtil 2 Aar, men indtil 4 Aar, saafremt paa Grund heraf noget Menneske omkommer eller faar betydelig Skade paa Legeme eller Helbred. Medvirkning straffes på samme måte. Overtredelse av smittevernloven § 5-1 straffes likevel ikke.

§ 157. Den, som vidende om, at han derved udsætter andres Liv eller Helbred for Fare,

1. sælger, falholder eller paa anden Maade søger udbredt blandt Almenheden som Lægemidler eller Forebyggelsesmidler mod Sygdomme Gjenstande, som er blottede for de angivne Egenskaber, eller

2. under Lægevirksomhed anvender nogen Behandlingsmaade, som ikke er egnet til at helbrede eller modvirke Sygdommen,

straffes med Fængsel indtil 6 Aar, men ikke under 1 Aar, saafremt derved nogens Død eller betydelig Skade paa Legeme eller Helbred er voldt.

Paa samme Maade straffes den, som medvirker til saadan

Adfærd.

§ 158. Den, som ved Brud paa overtagne Forpligtelser eller ved Udspredelse af falske Efterretninger bevirker, at der voldes Hungersnød eller Dyrtid paa Livsfornødenheder, eller som medvirker hertil, straffes med Fængsel indtil 8 Aar.

§ 159. Den som i hensikt å bevirke eller medvirke til en i §§ 148, 151 a, § 151 b første ledd, 152 annet ledd, § 153 første, annet eller tredje ledd eller 154 omhandlet forbrytelse eller art av forbrytelse inngår forbund med noen, straffes med fengsel inntil 10 år.

§ 160. Den, som offentlig giver eller tilbyder Veiledning i Brug af Sprængstoffe eller Gift til Forøvelse af Forbrydelser, eller som truer med eller offentlig opmuntrer til at forøve Forbrydelser ved Hjælp af disse Midler, eller som medvirker til nogen saadan Forbrydelse, straffes med Fængsel indtil 10 Aar.

§ 161. Med fengsel inntil 6 år straffes den som i hensikt å begå en forbrytelse, anskaffer, tilvirker eller oppbevarer

a) skytevåpen, våpendeler, ammunisjon eller sprengstoff, eller

b) bestanddeler, utstyr eller andre gjenstander som alene eller samlet er av vesentlig betydning for å tilvirke eller anvende gjenstander som nevnt i bokstav a.

Under særdeles skjerpende omstendigheter , eller når forbrytelsen som nevnt i første ledd kan straffes med fengsel i 10 år eller mer, kan fengsel inntil 10 år idømmes.

Medvirkning straffes på samme måte.

§ 162. Den som ulovlig tilvirker, innfører, utfører, erverver, oppbevarer, sender eller overdrar stoff som etter regler med hjemmel i lov er ansett som narkotika, straffes for narkotikaforbrytelse med bøter eller med fengsel inntil 2 år.

Grov narkotikaforbrytelse straffes med fengsel inntil 10 år. Ved avgjørelsen av om overtredelsen er grov, skal det særlig legges vekt på hva slags stoff den gjelder, kvantumet og overtredelsens karakter.

Gjelder overtredelsen et meget betydelig kvantum, er straffen fengsel fra 3 til 15 år. Under særdeles skjerpende omstendigheter kan fengsel inntil 21 år idømmes.

Uaktsom narkotikaforbrytelse straffes med bøter eller fengsel inntil 2 år.

Medvirkning til narkotikaforbrytelse straffes som bestemt ellers i denne paragraf.

Bøter kan anvendes sammen med fengselsstraff.

§ 162 a. (Opphevet ved lov 11 juni 1993 nr. 76.)

§ 162 b. Den som ulovlig tilvirker, innfører, utfører, oppbevarer, sender eller overdrar stoff som etter regler fastsatt av Kongen er ansett som dopingmiddel, straffes for dopingforbrytelse med bøter eller med fengsel inntil 2 år.

Grov dopingforbrytelse straffes med fengsel inntil 6 år. Ved avgjørelsen av om overtredelsen er grov, skal det særlig legges vekt på hva slags stoff det gjelder, kvantumet og overtredelsens karakter.

Uaktsom dopingforbrytelse straffes med bøter eller med fengsel inntil 2 år.

Medvirkning til dopingforbrytelse, eller til bruk av dopingmiddel som nevnt i første ledd, straffes som bestemt ellers i denne paragrafen.

§ 162 c. Den som inngår forbund med noen om å begå en handling som kan straffes med fengsel i minst 3 år, og som skal begås som ledd i aktivitetene til en organisert kriminell gruppe, straffes med fengsel inntil 3 år, med mindre forholdet går inn under en strengere straffebestemmelse. Forhøyelse av maksimumsstraffen ved gjentakelse eller sammenstøt av forbrytelser kommer ikke i betraktning.

Med organisert kriminell gruppe menes et samarbeid mellom tre eller flere personer som har som et hovedformål å begå en handling som kan straffes med fengsel i minst 3 år, eller som går ut på at en ikke ubetydelig del av aktivitetene består i å begå slike handlinger.

15de Kapitel. Falsk Forklaring.

§ 163. Den som for retten gir falsk forklaring under avgitt forsikring, straffes med fengsel inntil 5 år.

På samme måte straffes den som utenfor retten gir falsk forklaring under avgitt forsikring i tilfeller hvor bruk av forsikring er lovhjemlet.

§ 164. (Opphevet ved lov 14 juni 1985 nr. 71.)

§ 165. Som i § 163 bestemt straffes også den som bevirker eller medvirker til at en ham vitterlig usann forklaring under avgitt forsikring avgis av en annen i et tilfelle som der nevnt.

§ 166. Med Bøder eller med Fængsel indtil 2 Aar straffes den, som afgiver falsk Forklaring for Retten eller for Notarius eller i Fremstillinger, han som Part eller Retsfuldmægtig i en Sag fremlægger for Retten, eller som mundtlig eller skriftlig afgiver falsk Forklaring til nogen offentlig Myndighed i Tilfælde, hvor han er pligtig til at forklare sig til denne, eller hvor Forklaringen er bestemt til at afgive Bevis.

Paa samme Maade straffes den, der bevirker eller medvirker til, at en ham vitterlig usand Forklaring i noget af de ovennævnte Tilfælde afgives af en anden.

§ 167. Straf efter §§ 163 og 166 kommer ikke til Anvendelse paa den, der som sigtet for en strafbar Handling har afgivet falsk Forklaring.

Det samme gjelder hvis noen gir falsk forklaring når han ikke kunne forklare sannheten uten å utsette seg eller noen av sine nærmeste for straff eller tap av borgerlig aktelse. Den som har gitt falsk forklaring under avgitt forsikring i et slikt tilfelle, straffes likevel med bøter eller fengsel inntil 2 år. Hadde vedkommende plikt til å forklare seg trass i at det kunne utsette ham eller noen av hans nærmeste for tap av borgerlig aktelse, gjelder §§ 163 og 166 på vanlig måte.

§ 166 kommer ikke til Anvendelse paa Opgaver angaaende Omstændigheder, der danner Grundlag for Skat.

16de Kapitel. Falsk Anklage.

§ 168. Den, som ved falsk Anklage, Anmeldelse eller Forklaring til Retten, Paatalemyndigheden eller anden offentlig Myndighed eller ved Forvanskning eller Bortryddelse af Bevis eller Tilveiebringelse af falsk Bevis eller mod bedre Vidende paa anden Maade søger at paadrage en anden Sigtelse eller Fældelse for en strafbar Handling, eller som medvirker hertil, straffes, hvis der handles om en Forbrydelse, med Fængsel fra 6 Maaneder indtil 8 Aar og, hvis der handles om en Forseelse, med Fængsel indtil 4 Aar.

§ 169. Er paa Grund af saadan Forbrydelse som i § 168 nævnt nogen fældet til Frihedsstraf, som helt eller delvis er udstaaet, eller til Dødsstraf, straffes den skyldige med Fængsel ikke under 1 Aar.

Er paa Grund af Forbrydelsen Dødsstraf fuldbyrdet eller Frihedsstraf udstaaet i mere end 5 Aar, kan den skyldige straffes med Fængsel inntil 21 år.

§ 170. Med Bøder eller med Hefte eller Fængsel indtil 1 Aar straffes den, som uden rimelig Grund til Mistanke for Retten eller Paatalemyndigheden anklager eller anmelder nogen for en strafbar Handling, eller som forleder en anden til saadan Anklage eller Anmeldelse.

Offentlig Paatale finder ikke Sted uden fornærmedes Begjæring.

§ 171. Med Bøder eller med Hefte eller Fængsel indtil 1 Aar straffes

1. den, som mod bedre Vidende for Retten, Paatalemyndigheden eller anden offentlig Myndighed anmelder en strafbar Handling, som ikke er forøvet, eller foretager noget, der tilsigter at vække Mistanke om, at en saadan er forøvet, eller som medvirker hertil;

2. den, som falskelig angiver sig selv eller nogen anden med dennes Samtykke som skyldig i en strafbar Handling, eller som medvirker hertil.

§ 172. Med Bøder eller med Fængsel indtil 1 Aar straffes den, som, skjønt det kunde ske uden at udsætte ham selv, nogen af hans nærmeste eller nogen uskyldig for Tiltale eller Fare for Liv, Helbred eller Velfærd eller for Tab af den borgerlige Agtelse, undlader at oplyse Omstændigheder, der godtgjør, at en for en Forbrydelse tiltalt eller dømt er uskyldig, eller som medvirker til saadan Undladelse. Opplysningsplikten gjelder uten hensyn til taushetsplikt.

§ 173. I den Dom, hvorved nogen fældes efter §§ 168, 169 eller 170, kan det paa Forlangende af fornærmede bestemmes, at enten Dommen eller Domsslutningen ved offentlig Foranstaltning skal bekjendtgjøres i en eller flere offentlige Tidender. Til Bestridelse af Omkostningerne herved tilpligtes domfældte at udrede en Sum, hvis Størrelse bestemmes i Dommen.

17de Kapitel. Pengefalsk.

§ 174. Med Fængsel i mindst 3 Aar straffes den, som eftergjør i Ind- eller Udlandet gangbare Penge i Hensigt at udgive dem eller i saadan Hensigt anskaffer eftergjorte Penge, eller som medvirker hertil.

Kortere Tids Fængsel kan anvendes, saafremt det alene er enkelte Mynter eller Pengesedler, som er anskaffede, eller som uden Benyttelse af dertil særlig egnede Redskaber er eftergjorte.

§ 175. Med Fængsel indtil 8 Aar straffes den, som filer eller beklipper eller paa anden Maade formindsker i Værdi Mynt, der i Ind- eller Udlandet er gangbar, i Hensigt at udgive samme eller i saadan Hensigt giver gangbare Penge Udseende af en høiere Værdi end den virkelige eller ikke gangbare Penge Udseende af at være gangbare, eller som medvirker hertil.

§ 176. Den, som udgiver som ægte eller uforfalskede Penge, der er eftergjorte eller forfalskede saaledes som i §§ 174 eller 175 omhandlet, eller som medvirker hertil, straffes, forsaavidt han ikke fældes efter nogen af disse Paragrafer, med Fængsel henholdsvis indtil 10 og 6 Aar.

Har Udgiveren selv i god Tro modtaget de eftergjorte eller forfalskede Penge, straffes han med Bøder eller med Fængsel indtil 6 Maaneder.

Udgivelse af Mynt, som ved Filing, Beklipning eller paa anden Maade er gjort undervægtig, er ikke strafbar, naar man selv i god Tro har modtaget den som gangbar.

§ 177. Med Fængsel indtil 6 Aar straffes den, som til Forberedelse af nogen i §§ 174 eller 175 omhandlet Forbrydelse forfærdiger eller anskaffer Redskaber eller andre Gjenstande, der tilkjendegiver sig som bestemte til Eftergjørelse eller Forfalskning af Penge, eller som medvirker hertil.

§ 178. Hvad ovenfor er bestemt om Penge, gjælder ogsaa om trykte Værdipapirer, der lyder paa Ihændehaveren og er udstedte af nogen til Udstedelse af saadanne berettiget, saavelsom om de til disse hørende Udbyttebeviser.

Som trykt ansees Værdipapiret ogsaa, om det indeholder skreven Underskrift eller andre enkelte skrevne Ord eller Tal.

18de Kapitel. Dokumentfalsk.

§ 179. Ved Dokument forstaaes i denne Lov enhver Gjenstand, som i Skrift eller paa anden Maade indeholder et Tilkjendegivende, der enten er af Betydning som Bevis for en Ret, en Forpligtelse eller en Befrielse fra en saadan eller fremtræder som bestemt til at tjene som Bevis.

§ 180. Lige med Dokumentfalsk straffes det, naar et Papir eller anden Gjenstand, hvorpaa nogen har tegnet sit Navn, uberettiget udfyldes, eller naar Underskriften forskaffes ved Hjælp af en Vildfarelse, paa Grund af hvilken den gives paa et andet Dokument eller et Dokument af andet Indhold end tilsigtet, eller naar et Dokument er istandbragt derved, at et ægte Segl, Stempel eller Merke uberettiget er benyttet.

§ 181. Som falsk ansees ogsaa det Dokument, der udstedes i en ikke tilværende Persons Navn, eller hvori Udstederen urigtig tillægger sig en Stilling, som er af væsentlig Betydning for dets Beviskraft, eller hvis Indhold er blevet forandret ved Borttagelsen af nogen Del af samme.

§ 182. Den, der i retsstridig Hensigt benytter som ægte eller uforfalsket et eftergjort eller forfalsket Dokument eller som medvirker hertil, straffes med bøter eller med Fængsel indtil 2 Aar, men indtil 4 Aar, naar der handles om et indenlandsk eller udenlandsk offentligt Dokument.

Har Benyttelsen fundet Sted i Hensigt at skaffe Bevis for et berettiget eller at beskytte mod et uberettiget Krav, anvendes Bøder eller Fængsel indtil 1 Aar.

§ 183. Med bøter eller med Fængsel indtil 5 Aar straffes den, der som Middel til Forøvelsen af en Forbrydelse, som kan medføre 2 Aars Fængsel eller strengere Straf, benytter som ægte eller uforfalsket et eftergjort eller forfalsket Dokument, eller som medvirker hertil.

§ 184. Er det forfalskede Dokument, som i retsstridig Hensigt er benyttet som uforfalsket, et Postfrimerke, Stempelmerke eller andet Merke, et Adgangstegn eller en Reisebillet eller en lignende Gjenstand, der er søgt givet Udseende af at være gyldig enten i videre Udstrækning end stemmende med det virkelige Forhold, eller efter at den har tabt sin Gyldighed, straffes den skyldige med Bøder eller med Fængsel indtil 6 Maaneder.

§ 185. Den, som forfalsker en offentlig Protokol eller medvirker hertil, straffes som i § 182 bestemt, men efter § 183, saafremt det er skeet som Middel til Forøvelsen af en Forbrydelse, der kan medføre 2 Aars Fængsel eller strengere Straf.

Den, som ellers forfærdiger eller anskaffer et falsk Dokument for at benytte det eller lade det benytte paa en efter §§ 182 eller 183 strafbar Maade eller medvirker hertil, eller som i lige Hensigt forfalsker et ægte eller anskaffer et forfalsket Dokument eller medvirker hertil, straffes med Bøder eller med indtil det halve af den for Benyttelsen bestemte Fængselsstraf.

Straf efter denne Paragraf kommer ikke til Anvendelse, saafremt den skyldige fældes efter §§ 182 eller 183.

§ 186. Den, som til forberedelse av dokumentfalsk tilvirker, erverver, innfører, utfører, overdrar, besitter eller oppbevarer falsk segl, stempel eller merke eller andre gjenstander, som tilkjennegir seg som bestemte til å benyttes til ettergjørelse eller forfalskning, eller i slik hensikt tilvender seg et ekte segl, stempel eller merke, eller som medvirker til det, straffes med bøter eller med fengsel inntil 3 år.

§ 187. Den, som i retsstridig Hensigt fragaar sin Underskrift paa noget Dokument eller tilintetgjør, forstikker eller helt eller delvis ubrugbargjør et Dokument, eller som medvirker hertil, straffes saaledes som i § 182 bestemt, men efter § 183, saa fremt det er skeet som Middel til Forøvelsen af en Forbrydelse, der kan medføre 2 Aars Fængsel eller strengere Straf.

§ 188. Med Fængsel indtil 5 Aar straffes den, som i retsstridig Hensigt borttager, flytter eller ødelægger Grænseskjel eller Merke for Grundeiendom eller Grundrettighed eller setter falsk Grenseskjel eller Merke eller medvirker hertil.

Har Handlingen fundet Sted i Hensigt at skaffe Bevis for et berettiget eller at beskytte mod et uberettiget Krav, anvendes Bøder eller Fængsel indtil 1 Aar.

§ 189. Den, som i inden- eller udenlandske offentlige Dokumenter eller Bøger eller i Lægeattester afgiver urigtig Erklæring angaaende nogen Begivenhed eller Omstændighed, hvortil Erklæringen er bestemt til at afgive Bevis, eller som bevirker eller medvirker til, at saadan Erklæring afgives, straffes med Bøder eller med Fængsel indtil 1 Aar, men indtil 3 Aar, saafremt Hensigten har været at forskaffe sig eller andre en uberettiget Vinding eller at skade nogen.

§ 190. Den, der har benyttet som rigtig nogen saadan Erklæring som i § 189 nævnt, straffes saaledes som der er bestemt.

§ 190a. Med bot eller fengsel inntil 2 år straffes den som uberettiget setter seg i besittelse av en annens identitetsbevis, eller opptrer med en annens identitet eller en identitet som er lett å forveksle med en annens identitet, med forsett om å

a) oppnå en uberettiget vinning for seg selv eller en annen, eller

b) påføre en annen tap eller ulempe.

Medvirkning straffes på samme måte.

19. kapittel. Seksualforbrytelser.

§ 191. (Opphevet ved lov 15 feb 1963 nr. 2.)

§ 192. Den som

a) skaffer seg seksuell omgang ved vold eller ved truende atferd, eller

b) har seksuell omgang med noen som er bevisstløs eller av andre grunner ute av stand til å motsette seg handlingen, eller

c) ved vold eller ved truende atferd får noen til å ha seksuell omgang med en annen, eller til å utføre tilsvarende handlinger med seg selv,

straffes for voldtekt med fengsel inntil 10 år. Ved vurderingen av om det er utøvd vold eller truende atferd eller om fornærmede var ute av stand til å motsette seg handlingen, skal det legges vekt på om fornærmede var under 14 år.

Straffen er fengsel i minst 3 år dersom

a) den seksuelle omgang var samleie, eller

b) den skyldige har fremkalt en tilstand som nevnt i første ledd bokstav b for å oppnå seksuell omgang.

Fengsel inntil 21 år kan idømmes dersom

a) voldtekten er begått av flere i fellesskap,

b) voldtekten er begått på en særlig smertefull eller særlig krenkende måte,

c) den skyldige tidligere er straffet etter denne bestemmelsen eller etter § 195, eller

d) den fornærmede som følge av handlingen dør eller får betydelig skade på legeme eller helse. Seksuelt overførbar sykdom og allmennfarlig smittsom sykdom, jf. smittevernloven § 1-3 nr. 3 jf. nr. 1, regnes alltid som betydelig skade på legeme eller helse etter denne paragrafen.

Den som ved grov uaktsomhet gjør seg skyldig i voldtekt etter første ledd, straffes med fengsel inntil 5 år. Foreligger omstendigheter som nevnt i tredje ledd, er straffen fengsel inntil 8 år.

§ 193. Den som skaffer seg eller en annen seksuell omgang ved misbruk av stilling, avhengighetsforhold eller tillitsforhold, straffes med fengsel inntil 6 år.

På samme måte straffes den som skaffer seg eller en annen seksuell omgang ved å utnytte noens psykiske lidelse eller psykiske utviklingshemming.

§ 194. Den som har seksuell omgang med noen som er innsatt eller plassert i anstalt eller institusjon under kriminalomsorgen eller politiet eller i institusjon under barnevernet, og som der står under vedkommendes myndighet eller oppsikt, straffes med fengsel inntil 6 år.

På samme måte straffes den som skaffer en annen seksuell omgang med noen som han selv står i et slikt forhold til.

§ 195. Den som har seksuell omgang med barn under 14 år,

straffes med fengsel inntil 10 år. Dersom den seksuelle omgangen var samleie, er straffen fengsel i minst 3 år.

Fengsel inntil 21 år kan idømmes dersom

a) handlingen er begått av flere i fellesskap,

b) handlingen er begått på en særlig smertefull eller særlig krenkende måte,

c) handlingen er foretatt overfor barn under 10 år og det har skjedd gjentatte overgrep,

d) den skyldige tidligere har vært straffet etter denne bestemmelsen eller etter § 192, eller

e) fornærmede som følge av handlingen dør eller får betydelig skade på legeme eller helse. Seksuelt overførbar sykdom og allmennfarlig smittsom sykdom, jf. smittevernloven § 1-3 nr. 3 jf. nr. 1, regnes alltid som betydelig skade på legeme eller helse etter denne paragrafen.

Villfarelse om alder utelukker ikke straffeskyld.

Straff etter denne bestemmelsen kan falle bort eller settes under det lavmål som følger av første ledd annet punktum dersom de som har hatt den seksuelle omgangen, er omtrent jevnbyrdige i alder og utvikling.

§ 196. Den som har seksuell omgang med barn under 16 år, straffes med fengsel inntil 6 år.

Fengsel inntil 15 år kan idømmes dersom

a) handlingen er begått av flere i fellesskap,

b) handlingen er begått på en særlig smertefull eller særlig krenkende måte,

c) den skyldige tidligere har vært straffet etter denne bestemmelsen eller etter § 192 eller § 195, eller

d) fornærmede som følge av handlingen dør eller får betydelig skade på legeme eller helse. Seksuelt overførbar sykdom og allmennfarlig smittsom sykdom, jf. smittevernloven § 1-3 nr. 3 jf. nr. 1, regnes alltid som betydelig skade på legeme eller helse etter denne paragrafen.

Villfarelse om alder utelukker ikke straffeskyld, med mindre ingen uaktsomhet foreligger i så måte.

Straff etter denne bestemmelsen kan falle bort dersom de som har hatt den seksuelle omgangen, er omtrent jevnbyrdige i alder og utvikling.

§ 197. Den som har seksuell omgang med slektning i nedstigende linje, straffes med fengsel inntil 5 år. Som slektning i nedstigende linje regnes biologiske og adopterte etterkommere.

§ 198. Den som har samleie med bror eller søster, straffes med fengsel inntil 1 år.

Straff kommer ikke til anvendelse på personer under 18 år.

§ 199. Den som har seksuell omgang med fosterbarn,

pleiebarn, stebarn eller noen annen person under 18 år som står under hans omsorg, myndighet eller oppsikt, straffes med fengsel inntil 5 år.

På samme måte straffes den som skaffer en annen seksuell omgang med noen som han selv står i et slikt forhold til.

§ 200. Den som foretar seksuell handling med noen som ikke har samtykket til det, straffes med bøter eller fengsel inntil 1 år.

Den som foretar seksuell handling med barn under 16 år, straffes med fengsel inntil 3 år. Den som forleder barn under 16 år til å utvise seksuelt krenkende eller annen uanstendig atferd som nevnt i § 201, straffes med fengsel inntil 3 år.

I tilfelle som nevnt i annet ledd, kan fengsel inntil 6 år idømmes dersom handlingen er begått under særdeles skjerpende omstendigheter. Ved avgjørelsen av om særdeles skjerpende omstendigheter foreligger, skal det særlig legges vekt på hvor lang tid forholdet har pågått, om handlingen er misbruk av slektskapsforhold, omsorgsforhold, stilling, avhengighetsforhold eller nært tillitsforhold og om handlingen er begått på en særlig smertefull eller krenkende måte.

§ 196 tredje og fjerde ledd gjelder tilsvarende.

§ 201.   Den som i ord eller handling utviser seksuelt krenkende eller annen uanstendig atferd

a) på offentlig sted,

b) i nærvær av eller overfor noen som ikke har samtykket til det, eller

c) i nærvær av eller overfor barn under 16 år,

straffes med bøter eller med fengsel inntil 1 år.

Atferd som nevnt i første ledd bokstav b og c anses forøvet overfor noen også når den er forøvet gjennom bruk av telefon, Internett eller annen elektronisk kommunikasjon.

§ 201 a. Med bøter eller fengsel inntil 1 år straffes den som har avtalt et møte med et barn under 16 år, og som med forsett om å begå en handling som nevnt i §§ 195, 196 eller § 200 annet ledd har kommet frem til møtestedet eller et sted hvor møtestedet kan iakttas.

Villfarelse om alder utelukker ikke straffeskyld, med mindre ingen uaktsomhet foreligger i så måte.

Straff etter denne bestemmelsen kan falle bort dersom de som har avtalt å møtes, er omtrent jevnbyrdige i alder og utvikling.

§ 202. Den som

a) fremmer andres prostitusjon eller

b) leier ut lokaler og forstår at lokalene skal brukes til prostitusjon eller utviser grov uaktsomhet i så måte,

straffes med bøter eller fengsel inntil 5 år.

Den som i offentlig kunngjøring utvetydig tilbyr, formidler eller etterspør prostitusjon, straffes med bøter eller med fengsel inntil 6 måneder.

Med prostitusjon menes i denne bestemmelsen at en person har seksuell omgang eller handling med en annen mot vederlag.

§ 202a. Med bøter eller fengsel inntil 6 måneder eller begge deler straffes den som

a) skaffer seg eller andre seksuell omgang eller handling ved å yte eller avtale vederlag,

b) oppnår seksuell omgang eller handling ved at slikt vederlag er avtalt eller ytet av en annen, eller

c) på den måten som beskrevet i bokstav a eller b får noen til å utføre med seg selv handlinger som svarer til seksuell omgang.

Er den seksuelle omgang eller handling skjedd på en særlig krenkende måte, uten at forholdet straffes etter andre bestemmelser, er straffen fengsel inntil 1 år.

§ 203. Med bøter eller fengsel inntil 2 år straffes den som

a) skaffer seg eller andre seksuell omgang eller handling med personer under 18 år ved å yte eller avtale vederlag,

b) oppnår seksuell omgang eller handling med personer under 18 år ved at slikt vederlag er avtalt eller ytet av en annen, eller

c) på den måten som beskrevet i bokstav a eller b får personer under 18 år til å utføre med seg selv handlinger som svarer til seksuell omgang.

Er den seksuelle omgang eller handling skjedd på en særlig

krenkende måte, uten at forholdet straffes etter andre bestemmelser, er straffen fengsel inntil 3 år.

Villfarelse om alder utelukker ikke straffeskyld, med mindre aktsom god tro foreligger.

§ 204. Den som

a. utgir, selger eller på annen måte søker å utbre pornografi,

b. innfører pornografi med sikte på utbredelse,

c. overlater pornografi til personer under 18 år, eller

d. holder offentlig foredrag eller istandbringer offentlig forestilling eller utstilling med pornografisk innhold,

straffes med bøter eller med fengsel inntil 3 år.

Med pornografi menes i denne paragrafen kjønnslige skildringer som virker støtende eller på annen måte er egnet til å virke menneskelig nedverdigende eller forrående, herunder kjønnslige skildringer hvor det gjøres bruk av lik, dyr, vold og tvang. Som pornografi regnes ikke kjønnslige skildringer som må anses forsvarlige ut fra et kunstnerisk, vitenskapelig, informativt eller lignende formål.

Den som uaktsomt foretar handling som nevnt i første ledd, straffes med bøter eller med fengsel inntil 6 måneder. På samme måte straffes den innehaver eller overordnede som forsettlig eller uaktsomt unnlater å hindre at det i en virksomhet blir foretatt handling som nevnt i første ledd.

Paragrafen gjelder ikke for film eller videogram som

Medietilsynet ved forhåndskontroll har godkjent til ervervsmessig fremvisning eller omsetning.

§ 204a. Den som

a. produserer, anskaffer, innfører, besitter, overlater til en annen eller mot vederlag eller planmessig gjør seg kjent med fremstilling av seksuelle overgrep mot barn eller fremstilling som seksualiserer barn,

b. befatter seg med fremstillinger av seksuelle overgrep mot barn eller fremstillinger som seksualiserer barn, på annen måte som nevnt i § 204 første ledd, eller

c. forleder noen under 18 år til å la seg avbilde som ledd i kommersiell fremstilling av rørlige og urørlige bilder med seksuelt innhold, eller produserer slike fremstillinger hvor noen under 18 år er avbildet,

straffes med bøter eller med fengsel inntil 3 år.

Med barn menes i denne paragrafen personer som er eller fremstår som under 18 år.

Den som uaktsomt foretar handling som nevnt i første ledd, straffes med bøter eller med fengsel inntil 6 måneder. På samme måte straffes den innehaver eller overordnede som forsettlig eller uaktsomt unnlater å hindre at det i en virksomhet blir foretatt handling som nevnt i første ledd.

Straffen kan falle bort for den som tar og besitter et bilde av en person mellom 16 og 18 år, dersom denne har gitt sitt samtykke og de to er omtrent jevnbyrdige i alder og utvikling.

§ 204 annet ledd annet punktum og fjerde ledd gjelder tilsvarende.

§ 205. Straffebud i dette kapittel rammer også den som medvirker til handlingen.

§ 206. Når bestemmelsene i dette kapittel bruker uttrykket samleie, menes vaginalt og analt samleie. Med samleie likestilles innføring av penis i munn og innføring av gjenstand i skjede eller endetarmsåpning. Ved handlinger som nevnt i § 195 likestilles med samleie også innføring av penis inn i og mellom de store og små kjønnslepper.

§ 207. Når noen kjennes skyldig i en straffbar handling etter §§ 195, 196, 200 annet ledd eller 201 bokstav c, skal retten vurdere om rettighetstap etter § 29 skal idømmes.

§ 208. Den som beskylder noen for å ha overtrådt §§ 192-197, 200 tredje ledd eller 205, kan ikke gjøres rettslig ansvarlig for beskyldningen etter bestemmelsene i straffeloven kapittel 23 eller skadeserstatningsloven § 3-6 dersom beskyldningene er fremsatt

a) i en anmeldelse, eller

b) av den som hevder å være fornærmet eller en av hennes eller hans nærmeste i en fortrolig samtale med en person som det er naturlig å betro seg til, for å bearbeide konsekvensene av handlingen.

Anmelderen eller den som hevder å være fornærmet, kan

likevel gjøres rettslig ansvarlig dersom det var grovt uaktsomt å legge til grunn at opplysningene var sanne. Den nærmeste kan gjøres rettslig ansvarlig dersom det var uaktsomt å legge til grunn at opplysningene var sanne.

§ 209. (Opphevet ved lov 11 aug 2000 nr. 76.)
§ 210. (Opphevet ved lov 15 feb 1963 nr. 2.)
§§ 211-214. (Opphevet ved lov 11 aug 2000 nr. 76.)

20de Kapitel. Forbrydelser med Hensyn til Familieforhold.

§ 215. Den, som i retsstridig Hensigt søger at unddrage en anden den ham tilkommende Familiestand eller at tilvende sig selv eller andre en falsk Familiestand, eller som medvirker hertil straffes med Fængsel indtil 6 Aar. Under særdeles formildende Omstændigheder kan Bøder anvendes.

Denne bestemmelse gjelder ikke ved fastsetting av farskap etter barneloven.

§ 216. Med fengsel inntil 3 år straffes den som bevirker eller medvirker til at en mindreårig ulovlig unndras eller holdes unndratt fra sine foreldres eller andre vedkommendes omsorg. På samme måte straffes den som tar en mindreårig ut av landet eller holder tilbake en mindreårig i utlandet og ved det ulovlig unndrar eller medvirker til å unndra den mindreårige fra noen som har foreldreansvar eller som har omsorgen etter barnevernloven.

Under formildende Omstændigheder kan Bøder anvendes.

Offentlig påtale finner ikke sted uten fornærmedes begjæring med mindre allmenne hensyn krever det.

§ 217. Er den i § 216 omhandlede forbrytelse forøvet med barn under 16 år i utuktig øiemed, straffes den skyldige med fengsel fra 6 måneder til 6 år, og med fengsel ikke under 1 år, såfremt barnet er under 14 år.

§ 218. Med Fængsel indtil 3 Aar straffes den, som

1. anvender noget under hans Omsorg eller Myndighed staaende Barn under 16 Aar paa en Maade, der er fordærvelig for dets Helbred, Sædelighed eller Retskaffenhed, eller tilsteder saadan Anvendelse, eller

2. ved Misbrug af Myndighed bevirker eller medvirker til, at nogen ham underordnet Person under 18 Aar anvendes paa saadan Maade.

Paa samme Maade straffes den, som ved Forledelse eller Tilskyndelse medvirker til nogen oven omhandlet Handling.

§ 219. Den som ved å true, tvinge, begrense bevegelsesfriheten til, utøve vold mot eller på annen måte krenke, grovt eller gjentatt mishandler

a) sin tidligere eller nåværende ektefelle eller samboer,

b) sin eller tidligere eller nåværende ektefelles eller samboers slektning i rett nedstigende linje,

c) sin slektning i rett oppstigende linje,

d) noen i sin husstand, eller

e) noen i sin omsorg

straffes med fengsel inntil 4 år.

Dersom mishandlingen er grov eller fornærmede som følge av handlingen dør eller får betydelig skade på legeme eller helse, er straffen fengsel inntil 6 år. Ved avgjørelsen av om mishandlingen er grov, skal det særlig legges vekt på om den har vart over lang tid og om det foreligger forhold som nevnt i § 232.

Medvirkning straffes på samme måte.

§ 220. Den som inngår ekteskap eller partnerskap med noen som er under 16 år, eller medvirker til dette, straffes med fengsel inntil 4 år. Villfarelse om alder utelukker bare straffskyld dersom ingen uaktsomhet foreligger i så måte. Straff kan falle bort for ektefeller eller partnere som er omtrent jevnbyrdige i alder og utvikling.

Den som inngår ekteskap i strid med ekteskapsloven §§ 3 eller 4, straffes med fengsel inntil 4 år. Var den andre ektefellen uvitende om at ekteskapet var inngått i strid med de nevnte reglene, kan fengsel inntil 6 år anvendes. Medvirkning straffes på samme måte.

Med fengsel inntil 4 år straffes den, som bevirker eller medvirker til, at et ekteskap eller registrert partnerskap, som på grunn av de benyttede former er ugyldig, inngås med noen, som er uvitende om ugyldigheten.

§ 221. (Opphevet ved lov 4 juli 1991 nr. 47.)

21de Kapitel. Forbrydelser mod den personlige Frihed.

§ 222. Med bøter eller med fengsel inntil 3 år straffes den, som ved rettsstridig adferd eller ved å true med sådan tvinger nogen til å gjøre, tåle eller undlate noget, eller som medvirker hertil. Under særdeles skjerpende omstendigheter, jf § 232 tredje punktum, kan fengsel inntil 6 år idømmes.

For tvangsekteskap straffes den som ved vold, frihetsberøvelse, utilbørlig press eller annen rettsstridig atferd eller ved å true med slik atferd tvinger noen til å inngå ekteskap. Straffen for tvangsekteskap er fengsel inntil 6 år. Medvirkning straffes på samme måte.

Med bøter eller med fengsel inntil 1 år straffes den, som ved å true med anklage eller anmeldelse for en straffbar handling eller med fremsettelse av en ærekrenkende beskyldning rettsstridig tvinger nogen til å gjøre, tåle eller undlate noget, eller som medvirker hertil.

§ 223. Den som ulovlig berøver en anden Friheden eller medvirker til saadan Frihedsberøvelse, straffes med Fængsel indtil 5 Aar.

Har Frihedsberøvelsen varet over en Maaned, eller har den voldt nogen ualmindelige Lidelser eller betydelig Skade paa Legeme eller Helbred eller medført nogens Død, idømmes Fængsel i mindst 1 Aar.

Den som inngår forbund med noen om å begå en handling som nevnt i annet ledd, straffes med fengsel inntil 10 år.

§ 224. Den som ved vold, trusler, misbruk av sårbar situasjon eller annen utilbørlig atferd utnytter en person til

a) prostitusjon eller andre seksuelle formål,

b) tvangsarbeid eller tvangstjenester, herunder tigging,

c) krigstjeneste i fremmed land eller

d) fjerning av vedkommendes organer,

eller som forleder en person til å la seg bruke til slike formål, straffes for menneskehandel med fengsel inntil 5 år.

På samme måte straffes den som

a) legger forholdene til rette for slik utnyttelse eller forledelse som nevnt i første ledd ved å anskaffe, transportere eller motta personen,

b) på annen måte medvirker til utnyttelsen eller forledelsen, eller

c) gir betaling eller annen fordel for å få samtykke til utnyttelsen fra en person som har myndighet over den fornærmede, eller som mottar slik betaling eller annen fordel.

Den som begår en handling som nevnt i første eller annet ledd mot en person som er under 18 år, straffes uavhengig av om vold, trusler, misbruk av sårbar situasjon eller annen utilbørlig atferd er anvendt. Villfarelse om alder utelukker ikke straffskyld, med mindre ingen uaktsomhet foreligger i så måte.

Grov menneskehandel straffes med fengsel inntil 10 år. Ved avgjørelsen av om overtredelsen er grov, skal det særlig legges vekt på om den som ble utsatt for handlingen, var under 18 år, om det ble brukt grov vold eller tvang eller om handlingen ga betydelig utbytte. Villfarelse om alder er uten betydning, med mindre ingen uaktsomhet foreligger i så måte.

§ 225. Den, som bevirker eller medvirker til, at en anden bringes i Trældom, straffes med Fængsel fra 5 Aar indtil 21 år.

På samme måte straffes den som driver eller medvirker til slavehandel eller transport av slaver eller personer bestemt for slavehandel.

Den som inngår forbund med noen i hensikt å utføre eller medvirke til noen i denne paragraf nevnt handling, straffes med fengsel inntil 10 år.

§ 226. Med Bøder eller med Hefte eller Fængsel indtil 3 Maaneder straffes den, som gjør sig skyldig i en Frihedsberøvelse, som han uden skjellig Grund anser for lovlig, eller i Tilfælde, hvor Paagribelse lovlig kan finde Sted, foretager en saadan med Tilsidesættelse af den lovbestemte Fremgangsmaade, eller som medvirker til nogen saadan Forbrydelse.

Offentlig paatale finder alene Sted efter fornærmedes Begjæring.

§ 227. Med Bøder eller med Fængsel indtil 3 Aar straffes den, som i Ord eller Handling truer med et strafbart Foretagende, der kan medføre høiere Straf end 1 Aars Hefte eller 6 Maaneders Fængsel, under saadanne Omstændigheder, at Truselen er skikket til at fremkalde alvorlig Frygt, eller som medvirker til saadan Trusel. Under særdeles skjerpende omstendigheter, jf. § 232 tredje punktum, kan fengsel inntil 6 år idømmes.

22de Kapitel. Forbrydelser mod Liv, Legeme og Helbred.

§ 228. Den, som øver Vold mod en andens Person eller paa anden Maade fornærmer ham paa Legeme, eller som medvirker hertil, straffes for Legemsfornærmelse med Bøder eller med Fengsel indtil 1 Aar.

Har Legemsfornærmelsen tilfølge Skade paa Legeme eller Helbred eller betydelig Smerte, kan Fængsel indtil 4 Aar anvendes, men indtil 6 Aar, hvis den har Døden tilfølge, eller Skaden er betydelig.

Er en Legemsfornærmelse gjengjældt med en Legemsfornærmelse, eller er ved en saadan en forudgaaende Legemsfornærmelse eller Ærekrænkelse gjengjældt, kan den lades straffri.

Offentlig påtale finner ikke sted uten fornærmedes begjæring med mindre

(a) forbrytelsen har hatt døden til følge, eller

(b) forbrytelsen er forøvd mot den skyldiges tidligere eller nåværende ektefelle eller samboer, eller

(c) forbrytelsen er forøvd mot den skyldiges barn eller barn til den skyldiges ektefelle eller samboer, eller

(d) forbrytelsen er forøvd mot den skyldiges slektning i rett oppstigende linje, eller

(e) allmenne hensyn krever påtale.

§ 229. Den, som skader en anden paa Legeme eller Helbred eller hensetter nogen i Afmagt, Bevidstløshed eller lignende Tilstand, eller som medvirker hertil, straffes for Legemsbeskadigelse med Fængsel indtil 4 Aar, men indtil 6 Aar, saafremt nogen Sygdom eller Arbeidsudygtighed, der varer over 2 Uger, eller en uhelbredelig Lyde, Feil eller Skade er voldt, og indtil 10 Aar, saafremt Døden eller betydelig Skade paa Legeme eller Helbred er blevet Følgen.

§ 230. (Opphevet ved lov 4 juli 2003 nr. 78.)

§ 231. Den, som bevirker eller medvirker til. at en anden tilføies betydelig skade paa legeme eller helbred, straffes for grov legemsbeskadigelse med Fængsel i minst 3 Aar. Har han handlet med Overlæg, kan Fængsel inntil 21 år anvendes, saafremt Forbrydelsen har hat Døden tilfølge.

§ 232. Er nogen i §§ 228-231 nævnt Forbrydelse forsætlig udført paa en særlig smertevoldende Maade eller ved hjelp av Gift eller andre Stoffe, der er i høi Grad farlige for Sundheden, eller ved Kniv eller andet særlig farlig Redskab, eller under andre særdeles skjerpende omstendigheter, blir altid Fængsel at idømme, og kan for Forbrydelsen mod § 231 Fængsel inntil 21 år i ethvert Tilfælde anvendes samt ellers Straffen forhøies med indtil 3 Aar. Straffen i § 228 første ledd forhøyes likevel bare med inntil 6 måneders fengsel, samtidig som bøter fortsatt kan idømmes. Ved avgjørelsen av om andre særdeles skjerpende omstendigheter foreligger, skal det særlig legges vekt på om overtredelsen er begått mot en forsvarsløs person, om den er motivert av fornærmedes hudfarge, nasjonale eller etniske opprinnelse, religion, livssyn, homofile orientering eller nedsatte funksjonsevne, om den er skjedd uprovosert, om den er begått av flere i fellesskap, og om den har karakter av mishandling.

§ 233. Den, som forvolder en andens Død, eller som medvirker dertil, straffes for Drab med Fængsel i mindst 8 Aar.

Har den skyldige handlet med Overlæg, eller har han forøvet Drabet for at lette eller skjule en anden Forbrydelse eller unddrage sig Straffen for en saadan, kan Fængsel inntil 21 år anvendes. Det samme gjælder i Gjentagelsestilfælde samt, hvor forøvrigt særdeles skjærpende Omstændigheder foreligger.

§ 233 a. Den som inngår forbund med noen om å begå en handling som nevnt i § 231 eller § 233, straffes med fengsel inntil 10 år.

§ 234. Er forbrytelse som nevnt i § 233 forøvet av en mor mot hennes eget barn under fødselen eller innen et døgn efter denne, straffes hun med fengsel fra 1 inntil 8 år.

Under særdeles skjærpende Omstændigheder kan Fengsel indtil 12 Aar anvendes.

Forsøg kan lades straffrit, saafremt Barnet ikke er tilføiet betydelig Skade paa Legeme eller Helbred.

§ 235. Straf efter §§ 228 og 229 kommer ikke til Anvendelse, naar Handlingen er foretaget med nogen, som deri har samtykket.

Er nogen med eget Samtykke dræbt eller tilføiet betydelig Skade paa Legeme eller Helbred, eller har nogen af Medlidenhed berøvet en haabløs syg Livet eller medvirket hertil, kan Straffen nedsættes under det ellers bestemte Lavmaal og til en mildere Strafart.

§ 236. Den, som medvirker til, at nogen berøver sig selv Livet eller tilføier sig betydelig Skade paa Legeme eller Helbred, straffes som for Medvirkning til Drab eller grov Legemsbeskadigelse, øvet mod en samtykkende.

Straf kommer ikke til Anvendelse, naar Døden eller betydelig Skade paa Legeme eller Helbred ikke er Indtraadt.

§ 237. Den, som ved Uagtsomhed forvolder saadan Arbeidsudygtighed, Sygdom, Lyde, Feil eller Skade som i § 229 nævnt, straffes med Bøder eller med Fængsel indtil 6 Maaneder.

Offentlig Paatale finder alene Sted efter fornærmedes Begjæring.

§ 238. Den som uaktsomt ved bruk av våpen, ved motorvogn eller på annen måte forvolder betydelig skade på legeme eller helbred, straffes med bøter eller med fengsel inntil 3 år.

§ 239. Den som uaktsomt ved bruk av våpen, ved motorvogn eller på annen måte forvolder en annens død, straffes med fengsel inntil 3 år eller under særdeles skjerpende omstendigheter inntil 6 år. Under særdeles formildende omstendigheter kan bøter anvendes.

§ 240. Med bøter eller fængsel indtil 2 aar straffes den mand, som unddrar sig for at yde en av ham besvangret kvinde den hjælp eller støtte i anledning av svangerskapet eller nedkomsten, som efter de foreliggende forhold med rimelighet kan kræves av ham, med den følge at hun hensættes i en nødlidende eller hjælpeløs tilstand. Forøver hun herunder nogen forbrydelse rettet mod fostrets eller barnets liv, eller utsættes ved nævnte tilstand dets liv for fare straffes han med fængsel indtil 3 aar.

§ 241. Med fengsel inntil 3 år straffes en mann som vet om at en kvinne han har besvangret tilsikter noen forbrytelse som er rettet mot fosterets eller barnets liv eller som utsetter dette for fare, og unnlater å foreta tiltak som kunne forebygge forbrytelsen. Har forbrytelsen hatt barnets død til følge, kan fengsel inntil 4 år anvendes.

§ 242. Den, som hensætter en anden i hjælpeløs Tilstand eller medvirker hertil, straffes med Fængsel indtil 3 Aar.

Paa samme Maade straffes den, som retsstridig forlader i hjælpeløs Tilstand nogen, som staar under hans Varetægt, eller som han pligter at ledsage, befordre, modtage eller paa anden Maade drage Omsorg for, eller lader nogen saadan Person forblive i hjælpeløs Tilstand, saavelsom den, som ved Forledelse eller Tilskyndelse medvirker hertil.

Har Forbrydelsen havt Døden eller betydelig Skade paa Legeme eller Helbred tilfølge, straffes den skyldige med Fængsel indtil 6 Aar.

Offentlig paatale finner ikke Sted uden fornærmedes Begjæring, medmindre Forbrydelsen har Døden tilfølge, eller almene Hensyn kræver Paatale.

§ 243. Fremkaldtes ved nogen i § 242 omhandlet Forbrydelse øiensynlig Fare for Liv eller Helbred, straffes den skyldige med Fængsel indtil 8 Aar, men med Fængsel i mindst 3 Aar, saafremt Forbrydelsen har Døden eller betydelig Skade paa Legeme eller Helbred tilfølge.

§ 244. En mor som innen et døgn etter fødselen forøver en forbrytelse som nevnt i §§ 242 eller 243 mot sitt eget barn, straffes ikke i noe tilfelle strengere enn bestemt i § 234.

Er ikke Døden eller betydelig Skade paa Legeme eller Helbred forvoldt, kan Forbrydelsen lades straffri.

§ 245. Den som avbryter svangerskap eller medvirker hertil uten at de lovlige indikasjoner for et slikt inngrep er til stede, eller uten at vedtak om avbrudd er truffet av noen som har myndighet til det, straffes for fosterfordrivelse med fengsel inntil 3 år. Hvis handlingen er utført i vinnings hensikt eller under særdeles skjerpende omstendigheter for øvrig, er straffen fengsel inntil 6 år. Har gjerningsmannen handlet uten kvinnens samtykke, anvendes fengsel inntil 15 år, men inntil 21 år såfremt hun omkommer som følge av forbrytelsen.

Bestemmelsen om straff i første ledd første punktum gjelder ikke for kvinner som selv avbryter sitt svangerskap eller medvirker til det.

23de Kapitel. Ærekrænkelser.

§ 246. Den som rettsstridig ved ord eller handling krenker en annens æresfølelse eller som medvirker dertil, straffes med bøter eller med fengsel inntil 6 måneder.

§ 247. Den som i ord eller handling optrer på en måte som er egnet til å skade en annens gode navn og rykte eller til å utsette ham for hat, ringeakt eller tap av den for hans stilling eller næring fornødne tillit, eller som medvirker dertil, straffes med bøter eller med fengsel inntil 1 år. Er ærekrenkelsen forøvet i trykt skrift eller i kringkastingssending eller ellers under særdeles skjerpende omstendigheter, kan fengsel inntil 2 år anvendes.

§ 248. Har den efter § 247 skyldige handlet mod bedre Vidende, straffes han med Fængsel indtil 3 Aar.

Under særdeles formildende Omstændigheder kan Bøder anvendes.

§ 249.
1. Straff efter §§ 246 og 247 kommer ikke til anvendelse dersom det føres bevis for beskyldningens sannhet.

2. Selv om det føres sannhetsbevis som nevnt under 1, er beskyldningen straffbar dersom den er fremsatt uten at der var noen aktverdig grunn til det eller dersom den ellers er utilbørlig på grunn av formen eller måten den er fremsatt på eller av andre grunner.

3. Straff efter §§ 246 og 247 kommer ikke til anvendelse på den som har vært pliktig eller nødsaget til å uttale sig eller som har uttalt sig til berettiget varetagelse av eget eller andres tarv, dersom det godtgjøres at han i enhver henseende har vist tilbørlig aktsomhet.

4. Bevis for sannheten av en beskyldning tillates ikke ført

a) for straffbar handling som den beskyldte er frikjent for ved endelig innenlandsk eller utenlandsk dom.

b) dersom retten enstemmig finner det utvilsomt at beskyldningen er utilbørlig uansett dens sannhet og at nektelse av bevisførsel er ønskelig av hensyn til den fornærmede. Sådan bevisførsel må aldri nektes dersom påtalemyndigheten eller saksøkeren på forhånd har tilkjennegitt at der vil bli påstått straff efter § 248 eller at der bare vil bli gjort sivile krav gjeldende.

5. Når bevisførsel om sannheten av en beskyldning er nektet, er der heller ikke adgang til bevisførsel om hvorvidt tiltalte (saksøkte) har trodd eller hatt grunn til å tro på beskyldningens sannhet.

§ 250. Er ærekrenkelsen fremkalt av den fornærmede selv ved utilbørlig adferd eller gjengjeldt med en legemskrenkelse eller ærekrenkelse, kan straff bortfalle.

§ 251. Forbrytelser som omhandles i dette kapitel, påtales alene av det offentlige når det begjæres av fornærmede og finnes påkrevet av almene hensyn. Påtalen kan begrenses til bare å gjelde påstand om at ærekrenkelsen skal erklæres for død og maktesløs (jfr. § 253).

Det offentlige kan dog uten begjæring av noen fornærmet påtale en ærekrenkelse, som er rettet mot en ubestemt krets eller et større antall personer, når det finnes påkrevet av almene hensyn.

Det samme gjelder når ærekrenkelsen er forøvet mot noen under utførelsen av offentlig tjeneste eller i anledning av tjenestehandling, eller når noen som enten er eller på den tid det handles om, var offentlig tjenestemann, beskyldes for en handling eller et forhold som kunde pådra ham straff eller tjenestens tap.

§ 252. De handlinger som er betegnet som straffbare i §§ 247 og 248, blir også å straffe, når de er rettet mot en avdøds minne. Dog blir her straffen i det i § 247 omhandlede tilfelle å nedsette til bøter og i det i § 248 omhandlede til bøter eller fengsel inntil 3 måneder.

Berettiget til å begjære og reise påtale er den avdødes ektefelle, foreldre, barn, søsken og arvinger.

§ 253.
1. Når det har vært adgang til å føre bevis for sannheten av en beskyldning og beviset ikke er ført, kan den fornærmete forlange at beskyldningen blir erklært død og maktesløs (mortifisert) dersom ikke annet følger av lov.

2. Krav om mortifikasjon skal avvises når den som har satt fram beskyldningen tar den tilbake før hovedforhandlingen på en måte som retten finner tilfredsstillende for den fornærmete.

3. Krav om mortifikasjon skal videre avvises:

a) Når beskyldningen er framkommet i en dom, kjennelse, rettslig beslutning eller annen dommerhandling,

b) Når beskyldningen er satt fram av et vitne under forklaring i rettsmøte eller for politi eller påtalemyndighet eller en granskingskommisjon som nevnt i bokstav d, eller av en part, prosessfullmektig, aktor, forsvarer, oppnevnt sakkyndig eller personundersøker eller av en tjenestemann ved påtalemyndigheten eller politiet under rettergang eller etterforskning. I disse tilfelle skal likevel kravet om mortifikasjon ikke avvises når retten finner at den fornærmede bør få sannheten av beskyldningen prøvd i mortifikasjonssak mot saksøkte eller at uttalelsen ligger utenfor sakens ramme.

c) Når beskyldningen er framkommet i en skriftlig uttalelse fra Stortingets ombudsmann for forvaltningen.

d) Når beskyldningen er framkommet i en uttalelse fra en granskingskommisjon, et kontrollutvalg eller et annet organ som er oppnevnt av Kongen, Stortinget, et departement eller en fylkesmann for å granske faktiske forhold med sikte på å avdekke lovbrudd eller kritikkverdige forhold. Kongen kan bestemme at det samme skal gjelde for et kontrollorgan som er oppnevnt av andre offentlige myndigheter enn de som er nevnt i første punktum. For beskyldninger som fremsettes under granskingen, gjelder bokstav b annet punktum tilsvarende.

4. Når det er satt fram krav om straff for beskyldningen, kan krav om mortifikasjon ikke avvises etter nr. 2 eller 3 med mindre straffekravet blir avvist eller forkastet.

§ 254. Ansvaret for ærekrenkelse forøvd i blad eller tidsskrift som er trykt i riket, omfatter ikke den som bare har deltatt ved teknisk framstilling eller distribusjon av skriftet. Tilsvarende gjelder for kringkastingssending.

24de Kapittel. Underslag, Tyveri og ulovlig bruk.

§ 255. For underslag straffes den som i hensikt derved å skaffe seg eller andre en uberettiget vinning rettsstridig avhender, pantsetter, forbruker eller på annen måte tilegner seg en løsøregjenstand som han besitter, men som helt eller delvis tilhører en annen , eller rettsstridig forføyer over penger han har innfordret for en annen eller som på annen måte er betrodd ham.

Straff etter denne paragraf kommer ikke til anvendelse ved handling som går inn under § 277 eller § 278.

Straffen for underslag er bøter eller fengsel inntil 3 år. Medvirkning straffes på samme måte.

§ 256. Grovt underslag straffes med fengsel inntil 6 år. Medvirkning straffes på samme måte.

Ved avgjørelsen av om underslaget er grovt skal det særlig legges vekt på om verdien av det underslåtte er betydelig, om underslaget er forøvd av offentlig tjenestemann eller noen annen ved brudd på den særlige tillit som følger med hans stilling eller virksomhet, om det er bokført uriktige regnskapsopplysninger, utarbeidet uriktig regnskapsdokumentasjon eller uriktig årsregnskap, eller om den skyldige vitende har voldt velferdstap eller fare for noens liv eller helbred.

§ 257. For tyveri straffes den som borttar eller medvirker til å bortta en gjenstand som helt eller delvis tilhører en annen, i hensikt å skaffe seg eller andre en uberettiget vinning ved tilegnelsen av gjenstanden.

Straffen for tyveri er bøter eller fengsel inntil 3 år.

§ 258. Grovt tyveri straffes med bøter eller med fengsel inntil 6 år. Medvirkning straffes på samme måte.

Ved avgjørelsen av om tyveriet er grovt skal det særlig legges vekt på om tyveriet er forøvd ved innbrudd (§ 147, første ledd) eller fra person på offentlig sted, om gjerningsmannen har vært forsynt med våpen, sprengstoff eller lignende, om tyveriet gjelder en betydelig verdi eller om gjerningen av andre grunner er av særlig farlig eller samfunnsskadelig art.

§ 259. (Opphevet ved lov 11 juni 1993 nr. 76.)

§ 260. For brukstyveri av motorvogn straffes den som uten å høre til den berettigedes husstand eller å være i hans tjeneste, rettsstridig tar en motorvogn og bruker eller forføyer over den, eller som medvirker hertil.

Med motorvogn menes ethvert kjøretøy (herunder sykkel) som har kraftmaskin til framdrift.

Straffen for brukstyveri av motorvogn er bøter eller fengsel inntil 3 år.

Fengsel inntil 5 år kan anvendes dersom bruken har hatt til følge betydelig skade på person eller formue.

På samme måte straffes brukstyveri av fartøy som har kraftmaskin til framdrift, og av luftfartøy.

§ 261. Den som rettsstridig bruker eller forføyer over en løsøregjenstand som tilhører en annen, og derved skaffer seg eller andre betydelig vinning eller påfører den berettigede betydelig tap, straffes med fengsel inntil 3 år. Medvirkning straffes på samme måte. Under særdeles formildende omstendigheter kan bøter anvendes.

Offentlig påtale finner ikke sted uten fornærmedes begjæring med mindre allmenne hensyn krever påtale.

§ 262. Den som med forsett om tap for den berettigete, eller vinning for seg selv eller en annen, fremstiller, innfører, distribuerer, selger, markedsfører, leier ut eller på annen måte utbrer, besitter, installerer, bruker, vedlikeholder eller skifter ut dekodingsinnretning, og ved det skaffer seg selv eller en annen uberettiget tilgang til en vernet formidlingstjeneste, eller medvirker til dette, straffes med bot eller fengsel inntil 1 år.

Dersom det foreligger særlig skjerpende omstendigheter, er straffen bot eller fengsel inntil 3 år. Ved vurderingen av om særlig skjerpende omstendigheter foreligger, skal det særlig legges vekt på den skade som er påført den berettigede, den vinning som overtrederen har oppnådd, og omfanget av overtredelsen for øvrig.

Med dekodingsinnretning menes teknisk utstyr eller programvare som er utformet eller tilpasset, alene eller sammen med andre hjelpemidler, for å gi tilgang til en vernet formidlingstjeneste.

Med vernet formidlingstjeneste menes

a) fjernsyns- og radiosignaler, og tjenester som teleformidles elektronisk på forespørsel fra den enkelte tjenestemottaker, når tilgang er avhengig av tillatelse fra tjenesteyter og ytes mot betaling, eller

b) selve tilgangskontrollen til tjenestene nevnt i bokstav a, når den må regnes som en egen tjeneste.

Offentlig påtale finner ikke sted uten fornærmedes begjæring, med mindre allmenne hensyn krever påtale. Som fornærmet regnes også den som yter tilgangskontroll, når denne må regnes som en egen tjeneste.

§ 263. (Opphevet ved lov 4 juli 2003 nr. 78.)

§ 264. Underslag påtales ikke av det offentlige uten fornærmedes begjæring, med mindre det kreves av allmenne hensyn.

Det samme gjelder tyveri som er forøvd mot noen av den skyldiges nærmeste eller mot person av samme husstand eller mot noen som den skyldige er i tjeneste hos.

Dersom bestemmelsene i annet ledd ville føre til at det offentlige, når flere har samvirket, bare var berettiget til å reise tiltale mot enkelte av de skyldige, avgjør påtalemyndigheten om forføyning bare skal finne sted mot disse eller mot alle eller helt unnlates. Like med medvirkning regnes her heleri med hensyn til forbrytelsen.

§§ 265-265 a. (Opphevet ved lov 11 mai 1951 nr. 2.)

25de Kapitel. Udpresning og Ran.

§ 266. For utpresning straffes den som i hensikt derved å skaffe seg eller andre en uberettiget vinning, ved rettsstridig atferd eller ved å true med slik atferd tvinger noen til å foreta en handling som volder tap eller fare for tap for ham eller den han handler for. Medvirkning straffes på samme måte.

Det samme gjelder den som i nevnte hensikt rettsstridig tvinger noen til å foreta en slik handling ved å true med anklage eller anmeldelse for noe straffbart, eller med framsettelse av ærekrenkende beskyldning eller skadelig opplysning, eller som medvirker hertil.

Utpresning straffes med fengsel inntil 5 år. Bøter kan anvendes sammen med fengselsstraffen. Ved overtredelse av bestemmelsene i annet ledd kan straffen settes til bøter.

I det tilfelle som er nevnt i annet ledd, finner offentlig påtale ikke sted uten fornærmedes begjæring med mindre det kreves av almene hensyn. Forøvrig kommer § 264, annet og tredje ledd, til anvendelse.

§ 267. For ran straffes den som i hensikt derved å skaffe seg eller andre en uberettiget vinning, bemektiger seg en gjenstand som helt eller delvis tilhører en annen, ved å øve vold mot en person eller sette ham ute av stand til forsvar eller ved hjelp av trusler som framkaller alvorlig frykt for vold mot noens person.

For ran straffes også den som i hensikt og ved midler som nevnt, tvinger noen til å foreta en handling som volder tap eller fare for tap for ham eller den han handler for.

Medvirkning straffes på samme måte.

§ 268. Ran straffes med fengsel inntil 5 år.

Grovt ran straffes med fengsel inntil 12 år. Ved avgjørelsen av om ranet er grovt, skal det særlig legges vekt på om det er brukt grov vold, om det er truet med skytevåpen eller annet særlig farlig redskap, om ranet er nøye planlagt, foretatt overfor forsvarsløs person eller gjelder en betydelig verdi.

Har et grovt ran hatt til følge død eller betydelig skade på legeme eller helse, kan fengsel inntil 21 år anvendes.

§ 269. Med Fengsel indtil 3 Aar straffes den, som

1. indgaar Forbund med nogen om at forøve Ran, eller

2. i Hensigt at forøve Ran udruster eller paabegynder Udrustning af noget Skib, eller som medvirker hertil.

26. kapittel. Bedrageri, utroskap og korrupsjon.

§ 270. For bedrageri straffes den som i hensikt å skaffe seg eller andre en uberettiget vinning

(1) ved å fremkalle, styrke eller utnytte en villfarelse rettsstridig forleder noen til en handling som volder tap eller fare for tap for ham eller den han handler for, eller

(2) ved bruk av uriktig eller ufullstendig opplysning, ved endring i data eller programutrustning eller på annen måte rettsstridig påvirker resultatet av en automatisk databehandling, og derved volder tap eller fare for tap for noen.

Straffen for bedrageri er bøter eller fengsel inntil 3 år. Medvirkning straffes på samme måte.

§ 271. Grovt bedrageri straffes med fengsel inntil 6 år. Bøter kan anvendes sammen med fengselsstraffen. Medvirkning straffes på samme måte.

Ved avgjørelsen av om bedrageriet er grovt skal det særlig legges vekt på om handlingen har voldt betydelig økonomisk skade, om den skyldige har foregitt eller misbrukt stilling eller oppdrag, om han har forledet almenheten eller en større krets av personer, om han har bokført uriktige regnskapsopplysninger, utarbeidet uriktig regnskapsdokumentasjon eller uriktig årsregnskap, eller om han vitende har voldt velferdstap eller fare for noens liv eller helbred.

§ 271 a. Den som ved grov uaktsomhet foretar bedrageri som beskrevet i § 270 eller § 271, straffes med bøter eller fengsel inntil 2 år.

§ 272. Med fengsel inntil 6 år straffes den som ødelegger eller skader en forsikret gjenstand eller på annen måte framkaller et forsikringstilfelle, for at han eller andre skal få utbetalt en forsikringssum. Det samme gjelder den som i sådan hensikt uriktig oppgir eller gir det utseende av at et forsikringstilfelle er inntrådt, eller oppgir til erstatning en gjenstand som ikke er forsikret eller ikke er til eller ikke er skadet. Bøter kan anvendes sammen med fengselsstraffen.

Med bøter eller fengsel inntil 3 år eller med begge deler straffes

1) den som ved avslutningen av en forsikringsavtale fortier eller gir uriktig opplysning om omstendigheter som han kjenner til og må innse er av betydning for forsikringsgiveren,

2) den som for at han selv eller andre skal få utbetalt en forsikringssum eller en garantisum sikret ved forsikringsavtale, gir en skadeoppgave som står i påtakelig misforhold til skaden.

Medvirkning til forbrytelse, nevnt i denne paragraf, straffes på samme måte som forbrytelsen.

§ 273. Den som sprer uriktige eller vill-ledende opplysninger for å påvirke priser på varer, verdipapirer eller andre gjenstander, eller medvirker hertil, straffes med fengsel inntil 4 år. Bøter kan anvendes sammen med fengselsstraffen. Under særdeles formildende omstendigheter kan bøter anvendes alene.

Straff etter denne paragraf kommer ikke til anvendelse ved handling som omfattes av lov om verdipapirhandel § 3-8.

§ 274. Med fengsel inntil 4 år straffes den som i oppfordring til å delta i stiftelse eller utvidelse av aksjeselskap, allmennaksjeselskap eller annet selskap med økonomisk formål eller om overtagelse av lån til slikt selskap gir uriktige eller vill-ledende opplysninger av betydning for bedømmelsen av foretagendet. Bøter kan anvendes sammen med fengselsstraffen. Under særdeles formildende omstendigheter kan bøter anvendes alene.

På samme måte som etter første ledd straffes tillitsmann eller funksjonær i selskap som nevnt, såfremt han offentliggjør uriktige eller vill-ledende opplysninger av betydning for bedømmelsen av selskapet, eller gir slike opplysninger til selskapets deltagere eller fordringshavere, noen av dets organer eller til en offentlig myndighet. Det samme gjelder andre som på grunn av oppdrag for selskapet har kjennskap til dets forhold.

Medvirkning til noen forbrytelse som nevnt i første og annet ledd, straffes på samme måte.

Med bøter eller med fengsel inntil 6 måneder straffes den som ved grov uaktsomhet gjør seg skyldig i forhold som nevnt i denne paragraf.

Straff etter denne paragraf kommer ikke til anvendelse ved handling som omfattes av lov om verdipapirhandel § 2-8.

§ 275. For utroskap straffes den som i hensikt å skaffe seg eller andre en uberettiget vinning eller å skade, forsømmer en annens anliggender som han styrer eller har tilsyn med, eller handler mot den annens tarv.

Straffen for utroskap er fengsel inntil 3 år. Bøter kan anvendes sammen med fengselsstraffen. Medvirkning straffes på samme måte. Under særdeles formildende omstendigheter kan bøter anvendes alene.

Straff etter denne paragraf kommer ikke til anvendelse ved handling som går inn under § 255, jf. § 256 eller § 276 a, jf. § 276 b.

§ 276. Grov utroskap straffes med fengsel inntil 6 år. Bøter kan anvendes sammen med fengselsstraffen. Medvirkning straffes på samme måte.

Ved avgjørelsen av om utroskap er grov skal det legges særlig vekt på om handlingen har voldt betydelig økonomisk skade, om den er forøvd av offentlig tjenestemann eller noen annen ved brudd på den særlige tillit som følger med hans stilling eller virksomhet, om den skyldige har bokført uriktige regnskapsopplysninger, utarbeidet uriktig regnskapsdokumentasjon eller uriktig årsregnskap, om han har tilintetgjort, ubrukbargjort eller skjult registrerte regnskapsopplysninger eller regnskapsmateriale, bøker eller andre dokumenter, eller om han vitende har voldt velferdstap eller fare for noens liv eller helbred.

§ 276 a. For korrupsjon straffes den som

a) for seg eller andre krever, mottar eller aksepterer et tilbud om en utilbørlig fordel i anledning av stilling, verv eller oppdrag, eller

b) gir eller tilbyr noen en utilbørlig fordel i anledning av stilling, verv eller oppdrag.

Med stilling, verv eller oppdrag i første ledd menes også stilling, verv eller oppdrag i utlandet.

Straffen for korrupsjon er bøter eller fengsel inntil 3 år. Medvirkning straffes på samme måte.

§ 276 b. Grov korrupsjon straffes med fengsel inntil 10 år. Medvirkning straffes på samme måte.

Ved avgjørelsen av om korrupsjonen er grov skal det blant annet legges vekt på om handlingen er forøvd av eller overfor en offentlig tjenestemann eller noen annen ved brudd på den særlige tillit som følger med hans stilling, verv eller oppdrag, om den har gitt betydelig økonomisk fordel, om det forelå risiko for betydelig skade av økonomisk eller annen art, eller om det er registrert uriktige regnskapsopplysninger, utarbeidet uriktig regnskapsdokumentasjon eller uriktig årsregnskap.

§ 276 c. For påvirkningshandel straffes den som

a) for seg eller andre krever, mottar eller aksepterer et tilbud om en utilbørlig fordel for å påvirke utføringen av stilling, verv eller oppdrag, eller

b) gir eller tilbyr noen en utilbørlig fordel for å påvirke utføringen av stilling, verv eller oppdrag.

Med stilling, verv eller oppdrag i første ledd menes også stilling, verv eller oppdrag i utlandet.

Straffen for påvirkningshandel er bøter eller fengsel inntil 3 år. Medvirkning straffes på samme måte.

§ 277. Med bøter eller med fengsel inntil 3 år eller med begge deler straffes den, som påfører eller utsetter noen for tap ved rettsstridig å forføye over en gjenstand ved rettshandel etter at en annen har fått eller mot helt eller delvis erlagt vederlag er tilsagt eiendomsrett eller bruksrett til gjenstanden, eller over en fordring som er overdratt til en annen, eller over et gjeldsbrev som helt eller delvis er innfridd, eller som medvirker hertil.

§ 278. Med bøter eller med fengsel inntil 6 måneder straffes den som rettsstridig forføyer over en løsøregjenstand som er beheftet med salgspant, jf pantelovens §§ 3-15 og 3-22, og derved påfører eller utsetter panthaveren for tap. Under særdeles skjerpende omstendigheter kan fengsel inntil 3 år anvendes.

På samme måte som etter første ledd straffes den som påfører eller utsetter noen for tap ved rettsstridig å forføye over en fordring eller en gjenstand som han eier eller besitter, og som en annen har pant eller annen sikkerhet i.

Medvirkning til noen forbrytelse som nevnt i denne paragraf straffes på samme måte.

§ 279. (Opphevet ved lov 4 juli 2003 nr. 78).

§ 280. Offentlig påtale etter §§ 270, 271, 275, 276 og 277 finner ikke sted uten fornærmedes begjæring når forbrytelsen er forøvd mot noen av den skyldiges nærmeste, medmindre det kreves av almene hensyn. § 264 tredje ledd finner dog tilsvarende anvendelse.

De forbrytelser som er nevnt i §§ 270, 275 og 277 påtales ikke i noe tilfelle uten fornærmedes begjæring, medmindre den skyldige ved misbruk av almenhetens tillit eller lettroenhet har gjort seg skyldig i forbrytelser mot flere personer eller for øvrig almene hensyn krever påtale.

Forbrytelser mot § 278 første ledd påtales ikke av det offentlige medmindre det begjæres av fornærmede og finnes påkrevd av almene hensyn.

Forbrytelser mot § 278 annet ledd påtales ikke av det offentlige uten fornærmedes begjæring.

27de Kapitel. Forbrydelser i Gjeldsforhold m.m.

§ 281. Med bøter eller fengsel inntil 2 år straffes en skyldner som forsettlig eller grovt uaktsomt påfører fordringshaverne betydelig tap ved

a) pengespill eller annen risikopreget aktivitet,

b) annen lettsindig atferd,

c) overdrevent forbruk, eller

d) grovt uordentlig forretningsførsel.

§ 282. Med bøter eller fengsel inntil 2 år straffes en skyldner som forsettlig eller grovt uaktsomt gir en fordringshaver oppgjør eller sikkerhet, dersom skyldneren er, blir eller står i påtakelig fare for å bli insolvent ved handlingen, og derved forringer fordringshavernes dekningsutsikt i betydelig grad.

§ 283. Med bøter eller fengsel inntil 3 år straffes en skyldner som foretar en handling som er egnet til å hindre at et formuesgode tjener til dekning for en eller flere av fordringshaverne, dersom

a) det pågår tvangsfullbyrdelse eller midlertidig sikring rettet mot skyldneren, eller

b) skyldneren er, blir, eller står i påtakelig fare for å bli insolvent ved handlingen, og handlingen er uforsvarlig. Det fritar ikke for straff at vilkåret om insolvens mv. ikke lar seg fastslå, dersom dette skyldes at skyldneren forsettlig eller grovt uaktsomt har overtrådt regnskapsbestemmelser i lov eller forskrift.

Grov overtredelse av første ledd bokstav b straffes med bøter eller fengsel inntil 6 år. Ved avgjørelsen av om overtredelsen er grov skal det særlig legges vekt på om handlingen innebærer en betydelig svekkelse av fordringshavernes utsikt til å få dekning, eller om det foreligger andre særlig skjerpende omstendigheter.

Grovt uaktsom overtredelse av første og annet ledd straffes med bøter eller fengsel inntil 3 år.

§ 283 a. (Opphevet ved lov 25 juni 2004 nr. 50 (i kraft 1 okt 2004 iflg. res. 25 juni 2004 nr. 977).

§ 284. Med bøter eller fengsel inntil 2 år straffes en skyldner som forsettlig eller grovt uaktsomt unnlater å begjære åpning av gjeldsforhandling etter konkursloven eller konkurs, dersom skyldneren er insolvent, og

a) unnlatelsen medfører at en disposisjon eller et utlegg ikke kan omstøtes, og dette forringer fordringshavernes dekningsutsikt betydelig, eller

b) skyldnerens næringsvirksomhet klart går med tap og skyldneren må innse at han ikke vil kunne gi fordringshaverne oppgjør innen rimelig tid.

Unnlatelsen av å begjære åpning av gjeldsforhandling eller konkurs er likevel straffri dersom skyldneren har opptrådt i forståelse med fordringshavere som representerer en vesentlig del av fordringsmassen med hensyn til både beløp og antall.

§ 285. Med bøter eller fengsel inntil 3 år straffes en skyldner som under konkurs eller gjeldsforhandling etter loven opptrer slik at det er egnet til å hindre at et formuesgode tjener til dekning eller utnyttelse for fordringshaverne, eller uriktig oppgir eller vedkjenner seg forpliktelser.

Grov overtredelse av første ledd straffes med bøter eller fengsel inntil 6 år. Ved avgjørelsen av om overtredelsen er grov skal det særlig legges vekt på om handlingen innebærer en betydelig svekkelse av fordringshavernes utsikt til å få dekning, eller om det foreligger andre særlig skjerpende omstendigheter.

Grovt uaktsom overtredelse av første og annet ledd straffes med bøter eller fengsel inntil 3 år.

§ 286. Den som forsettlig eller uaktsomt vesentlig tilsidesetter bestemmelser om bokføring og dokumentasjon av regnskapsopplysninger, årsregnskap, årsberetning eller regnskapsoppbevaring som er fastsatt i lov eller forskrift i medhold av lov, straffes med bøter eller fengsel inntil 1 år eller begge deler. Foreligger særlig skjerpende omstendigheter, kan fengsel inntil 3 år anvendes.

§ 287. Den som til fordel for eller på vegne av skyldneren foretar en handling som nevnt i §§ 281 til 285, straffes som der bestemt.

Medvirkning til at skyldneren eller noen som nevnt i første ledd, overtrer §§ 281 til 286, straffes på samme måte. En fordringshaver kan likevel ikke straffes for å ha mottatt eller krevd oppfyllelse eller sikkerhet, med mindre fordringshaveren har brukt utilbørlige trusler eller andre utilbørlige midler for å få skyldneren til å oppfylle eller stille sikkerhet.

§ 288. (Opphevet ved lov 25 juni 2004 nr. 50 (i kraft 1 okt 2004 iflg. res. 25 juni 2004 nr. 977).

§ 289. (Opphevet ved lov 8 juni 1984 nr. 60.)
§ 290. (Opphevet ved lov 11 mai 1951 nr. 2.)

28de Kapitel. Skadeverk.

§ 291. For skadeverk straffes den som rettstridig ødelegger, skader, gjør ubrukelig eller forspiller en gjenstand som helt eller delvis tilhører en annen.

For skadeverk straffes også den som uberettiget endrer, gjør tilføyelser til, ødelegger, sletter eller skjuler andres data.

Straffen for skadeverk er bøter eller fengsel inntil 1 år. Medvirkning straffes på samme måte.

Offentlig påtale finner ikke sted uten fornærmedes begjæring, medmindre almene hensyn krever påtale.

§ 292. Grovt skadeverk straffes med bøter eller med fengsel inntil 6 år. Medvirkning straffes på samme måte.

Ved avgjørelsen av om skadeverket er grovt skal det særlig legges vekt på om skaden er betydelig, om den skyldige vitende har voldt velferdstap eller fare for noens liv eller helbred, om handlingen er rasistisk motivert, om det er voldt avbrekk i den offentlige samferdsel, om skaden er øvd på grenseskjel mot naborike eller mot offentlig minnesmerke, samlinger eller andre gjenstander som er bestemt til alminnelig nytte eller pryd eller som for almenheten eller en større krets har historisk, nasjonal eller religiøs verdi.

§ 293. (Opphevet ved lov 11 mai 1951 nr. 2.)

§ 294. Med Bøder eller Fængsel indtil 6 Maaneder straffes den, som

1. ved at fremkalde eller styrke en Vildfarelse retsstridig forleder nogen til en Handling, hvorved der voldes denne eller nogen, paa hvis Vegne han handler, Formuestab, eller som medvirker hertil, eller

2. uberettiget enten selv gjør Brug af en Forretnings- eller Driftshemmelighed vedkommende en Bedrift, hvori han er eller i Løbet af de 2 sidste Aar har været ansat, eller hvori han har eller i Løbet af de 2 sidste Aar har havt Del, eller aabenbarer en saadan i Hensigt at sætte en anden i stand til at gjøre Brug af den, eller som ved Forledelse eller Tilskyndelse medvirker hertil, eller

3. uberettiget gjør bruk av en bedrifts forretnings- eller bedriftshemmelighet som han har fått kjennskap til eller rådighet over i egenskap av teknisk eller merkantil konsulent for bedriften eller i anledning et oppdrag fra den, eller uberettiget åpenbarer en slik hemmelighet i den hensikt å sette andre i stand til å gjøre bruk av den, eller som ved forledelse eller tilskynding medvirker til dette.

Offentlig Paatale finder alene Sted, naar det begjæres af fornærmede og findes paakrævet af almene Hensyn.

§ 294 a. Med bot eller fengsel inntil 2 år straffes den som ved å overføre, skade, slette, forringe, endre, tilføye eller fjerne informasjon uberettiget volder fare for avbrudd eller vesentlig hindring av driften av et datasystem.

Medvirkning straffes på samme måte.

29de Kapitel. Aager og Lykkespil.

§ 295. For åger straffes den som ved rettshandel utnytter noens nød, lettsinn, uforstand eller avhengighetsforhold til å oppnå eller betinge et vederlag, som etter de foreliggende omstendigheter står i et påtakelig misforhold til det som ytes, eller som medvirker hertil.

Det samme gjelder den som, etter å ha ervervet et krav som utspringer av rettshandelen med kjennskap til dennes beskaffenhet, gjør kravet gjeldende eller overdrar det til en annen, eller som medvirker hertil.

§ 296. Åger straffes med bøter eller med fengsel inntil 2 år eller med begge deler.

Når handlingen er begått sedvanemessig eller det ellers foreligger særdeles skjerpende omstendigheter, kan det idømmes fengsel inntil 5 år og i forbindelse med fengselsstraffen bøter.

§ 297. (Opphevet ved lov 11 mai 1952 nr. 2.)

§ 298. Den, som gjør sig en Næringsvei af Lykkespil, som ikke ved særskilt Lov er tilladt, eller af at forlede dertil, straffes med Fængsel indtil 1 Aar.

Istedetfor Inddragning af det vundne Udbytte kan Retten bestemme sammes Tilbagebetaling.

§ 299. Som Lykkespil ansees alle Spil om Penge eller Penges

Værd, ved hvilke paa Grund af Spillets Art eller Indsatsernes Høide det vindesyge Øiemed fremtræder som det fremherskende.

Som Lykkespil ansees ogsaa Væddemaal og Terminspil (Differenshandel), ved hvilke det samme er Tilfældet.

§ 300. Med Bøder straffes den, som ved Sagsanlæg eller ved Trusel derom eller om nogenslags Fortræd søger enten hos den anden Part selv eller hos nogen Tredjemand at inddrive et ugyldigt Krav, som han har erhvervet ved i vindesyg Hensigt at misbruge Letsind eller Uerfarenhed hos person under vergemål, eller som medvirker hertil. Saafremt den skyldige for Kravet har ladet sig give Gjældsbrev eller Tilsagn under Ed eller Æresord, er Straffen Bøder eller Fængsel indtil 6 Maaneder.

30te Kapitel. Forbrydelser i Sjøfartsforhold.

§ 301. Den som kommer ombord i et skip eller skjuler seg der i hensikt uberettiget å følge med skipet til eller fra utenlandsk havn eller til fangstfelt utenfor riket, straffes med bøter eller med fengsel inntil 6 måneder.

Medvirkning straffes på samme måte. Straffen er bøter eller fengsel inntil 1 år dersom medvirkeren er ansatt på skipet eller på annen måte i kraft av sin stilling har adgang til skipet eller deler av dette. Det samme gjelder dersom medvirkeren har handlet i hensikt å skaffe seg eller andre vederlag.

§§ 302-303. (Opphevet ved lov 15 feb 1963 nr. 2.)

§ 304. (Opphevet ved lov 16 feb 2007 nr. 9 (i kraft 1 juli 2007 iflg. res. 16 feb 2007 nr. 170).)

§ 305. (Opphevet ved lov 16 feb 2007 nr. 9 (i kraft 1 juli 2007 iflg. res. 16 feb 2007 nr. 170).

§ 306. Etterlates ved et skips avgang fra land noen medfarende uten skjellig grunn eller iakttagelse av den framgangsmåte som er bestemt i lov eller med heimel i lov, straffes den skyldige med bøter eller med fengsel inntil 6 måneder, men under særdeles skjerpende omstendigheter inntil 1 år.

§ 307. Et skips fører som nekter å skaffe noen medfarende hva denne som sådan har krav på, eller tilsteder at dette nektes ham, straffes med bøter eller med fengsel inntil 6 måneder, men inntil 1 år når særdeles skjerpende omstendigheter foreligger.

På samme måte straffes enhver annen vedkommende som gjør seg skyldig i slik nektelse.

§ 308. Fører av skip eller annen foresatt ombord straffes med bøter eller med fengsel inntil 6 måneder såfremt han

1. uten skjellig grunn nekter en medfarende adgang til å henvende seg til konsul eller annen offentlig myndighet, eller

2. behandler en medfarende på en utilbørlig måte eller unnlater å hindre at han av andre ombord behandles slik.

På samme måte straffes medlem av disiplinnemnd når han som sådan handler mot bedre vitende.

§ 309. (Opphevet ved lov 15 feb 1963 nr. 2.)

§ 310. Unnlater en underordnet å vise lydighet i skipstjenesten under slike omstendigheter at det voldes fare for menneskeliv eller skip, straffes han og enhver som bevirker eller medvirker til slik atferd med fengsel inntil 2 år.

§ 311. Unnlater flere av mannskapet etter felles avtale å vise lydighet i skipstjenesten under slike omstendigheter at det voldes fare for menneskeliv eller skipet straffes de og enhver som bevirker eller medvirker til slik atferd med fengsel inntil 4 år.

§ 312. (Opphevet ved lov 16 feb 2007 nr. 9 (i kraft 1 juli 2007 iflg. res. 16 feb 2007 nr. 170).

§ 313. Et skips fører som i havsnød eller annen fare oppgir skipet uten at dette er nødvendig eller forlater det til tross for at hans nærvær ennå er påkrevd, straffes med fengsel inntil 1 år.

Andre som tjenestegjør ombord, straffes med bøter eller med fengsel inntil 6 måneder såfremt de uten tillatelse av skipets fører forlater skipet i havsnød eller annen fare så lenge føreren er ombord.

§ 314. Fører av skip eller vakthavende styrmann som ved sammenstøt eller manøvrering hvorved fare inntrer for noens liv eller helse, unnlater å yte den hjelp som trengs og som han kan gi uten særlig fare for eget skip eller for personer som er ombord der, straffes med fengsel inntil 3 år, men inntil 6 år såfremt forbrytelsen har hatt døden eller betydelig skade på legeme eller helse til følge.

Er det ved sammenstøt eller manøvrering av skip inntrådt fare for skade på ting, og skipets fører eller vakthavende styrmann unnlater å gi den hjelp som trengs og kan gis uten særlig fare eller oppofrelse, straffes med bøter eller fengsel inntil 1 år, dersom forholdet ikke rammes av første ledd.

§ 315. (Opphevet ved lov 16 feb 2007 nr. 9 (i kraft 1 juli 2007 iflg. res. 16 feb 2007 nr. 170).

§ 316. De i §§ 301 og 305-308 nevnte forbrytelser påtales ikke av det offentlige uten fornærmedes begjæring, med mindre almene hensyn krever påtale.

31te Kapitel. Heleri og hvitvasking.

§ 317. Den som mottar eller skaffer seg eller andre del i utbytte av en straffbar handling (heleri), eller som yter bistand til å sikre slikt utbytte for en annen (hvitvasking), straffes med bøter eller fengsel inntil 3 år. Som å yte bistand regnes blant annet det å innkreve, oppbevare, skjule, transportere, sende, overføre, konvertere, avhende, pantsette eller la investere utbyttet. Likestilt med utbyttet er gjenstand, fordring eller tjeneste som trer istedenfor utbyttet.

For hvitvasking straffes også den som gjennom konvertering eller overføring av formuesgoder eller på annen måte skjuler eller tilslører hvor utbyttet fra en straffbar handling han selv har begått, befinner seg, stammer fra, hvem som har rådigheten over det, dets bevegelser, eller rettigheter som er knyttet til det.

Den som overtrer første ledd eller annet ledd kan straffes selv om ingen kan straffes for handlingen utbyttet stammer fra på grunn av bestemmelsene i §§ 44 og 46.

Grov overtredelse av første eller annet ledd straffes med fengsel inntil 6 år. Ved avgjørelsen av om overtredelsen er grov, skal det særlig legges vekt på hva slags straffbar handling utbyttet stammer fra, verdien av utbyttet, størrelsen på den eventuelle fordelen gjerningspersonen har mottatt eller skaffet seg eller andre, og om den skyldige har drevet heleri eller hvitvasking sedvanemessig. Gjelder det utbytte av narkotikaforbrytelser, skal det også legges vekt på art og mengde av det stoffet utbyttet knytter seg til.

Gjelder overtredelsen utbytte av en narkotikaforbrytelse, kan under særdeles skjerpende omstendigheter fengsel inntil 21 år idømmes.

Uaktsom overtredelse av første eller annet ledd straffes med bøter eller fengsel inntil 2 år.

Straff etter denne paragrafen får likevel ikke anvendelse på den som mottar utbyttet til vanlig underhold av seg eller andre fra en som plikter å yte slikt underhold, eller på den som mottar utbyttet som normalt vederlag for vanlige forbruksvarer, bruksting eller tjenester.

§ 318.   Den som inngår forbund med noen om å begå en handling som nevnt i § 317 første eller annet ledd, straffes med bøter eller fengsel inntil 3 år.

§§ 319-321.   (Opphevet ved lov 11 juni 1993 nr. 76.)

32te Kapitel. Forbrydelser i trykt Skrift.

(Opphevet ved lov 12 des 1958 nr. 1.)

Tredje Del. Forseelser.

33te Kapitel. Forseelser i den offentlige Tjeneste.

§ 324. Undlader en offentlig Tjenestemand forsætlig at udføre nogen Tjenestepligt, eller overtræder han paa anden Maade forsætlig sine Tjenestepligter, eller viser han, trods Advarsel, Forsømmelighed eller Skjødesløshed ved Udførelse af disse, straffes han med Bøder eller Tjenestens Tab.

Enhver som omfattes av lov om statens tjenestemenn, skal også gå inn under denne paragraf.

§ 325. Med Bøder straffes den Embeds- eller Bestillingsmand, der

1. viser grov Uforstand i Tjenesten, eller

2. foretager nogen Handling, der paa Grund af hans Stilling er ham forbudt, eller

3. under Udførelse af offentlig Tjeneste gjør sig skyldig i utilbørlig Optræden mod nogen, eller

4. i Anledning af Tjenesten gjør sig skyldig i utilbørlig Optræden mod foresatte eller underordnede, eller

5. udenfor Tjenesten udviser et Forhold, som gjør ham uværdig til eller virker nedbrydende paa den for Stillingen fornødne Tillid eller Agtelse,

I Gjentagelsestilfælde eller under særdeles skjærpende Omstændigheder kan Straf af Tjenestens Tab anvendes.

34te Kapitel. Forseelser mod den offentlige Myndighed.

§ 326. Med Bøder eller med Fængsel indtil 6 Maaneder straffes den, som

1. hindrer eller søger at hindre en offentlig Tjenestemand i den lovlige Udførelse af Tjenesten eller vægrer sig ved at tilstede ham Adgang til Steder, hvor han er berettiget til saadan, eller

2. forulemper ham under hans Udførelse af Tjenesten ved Skjældsord eller anden fornærmelig Adfærd,

eller som medvirker hertil.

Med Hensyn til, hvem der er at anse for offentlige Tjenestemænd, gjælder det i § 127 bestemte.

§ 327. Med Bøder eller med Hefte eller Fængsel indtil 4 Maaneder straffes den, som, skjønt det kunde ske uden særlig Fare eller Opofrelse, undlader paa Opfordring at bistaa en offentlig Tjenestemand, naar Hjælp er fornøden til Afvendelse af en Forbrydelse eller Ulykke, eller afholder en anden fra at yde saadan Bistand.

Med Bøder straffes den, som ellers uberettiget negter nogen offentlig Tjenestemand sin Bistand.

§ 328. Med bøter eller med fengsel inntil 3 måneder straffes den som

1. uhjemlet offentlig bærer eller lar noen i sin tjeneste bære den for en offentlig tjenestemann foreskrevne drakt eller andre kjennetegn på et offentlig tjenesteforhold, eller drakt eller

kjennetegn, som lett kan forveksles med disse, eller

2. offentlig eller i rettsstridig øyemed utgir sig for å inneha noen offentlig tjeneste eller medvirker hertil, eller

3. foretar noen handling, som alene kan foretas i henhold til en offentlig tjenestestilling, som han ikke innehar, eller

4. uheimlet bruker norsk eller utenlandsk offentlig våpen, merke eller segl eller noe våpen, merke eller segl som lett kan forveksles med slike.

På samme måte straffes den som uheimlet bruker offentlig eller i rettsstridig øyemed:

a) en anerkjent eller i innland eller utland alminnelig brukt betegnelse på en internasjonal organisasjon eller merke eller segl som nyttes av en internasjonal organisasjon, dersom Norge er medlem av vedkommende organisasjon eller ved mellomfolkelig overenskomst har forpliktet seg til å verne mot bruk som nevnt,

b) kjennetegn eller betegnelse som ved mellomfolkelig overenskomst som Norge er bundet av, er bestemt til bruk i samband med hjelp til sårete og syke eller vern av kulturverdier i krig,

c) betegnelse, merke, segl eller kjennetegn som lett kan forveksles med noe som nevnt under bokstav a-b.

Den som ellers uhjemlet offentlig bærer eller lar noen i sin tjeneste bære noe for innehavere av særlige stillinger av øvrigheten bestemt eller godkjent kjennetegn eller noe dermed så likt, at forveksling lett oppstår, straffes med bøter. Det samme gjelder den, som uhjemlet offentlig eller i rettsstridig øyemed tillegger seg eller bærer noen norsk eller utenlandsk titel eller ærestegn.

§ 329. Med Bøder eller med Fængsel indtil 3 Maaneder straffes den, som, efterat Paalæg om at begive sig rolig bort af Øvrigheden er forkyndt, forbliver tilstede eller medvirker til, at nogen anden forbliver tilstede i en Samling af et større Antal Personer paa offentlig Vei eller Plads eller paa andet Sted, hvor de ikke er berettigede til at opholde sig.

Paa samme Maade straffes den, som overtræder de Forskrifter, som af Øvrigheden gives til Forebyggelse af Fare eller til Ordenens Opretholdelse ved Sammenstimlinger eller Forsamlinger af en større Menneskemasse.

§ 330. Med Bøder eller med Hefte eller Fængsel indtil 3 Maaneder straffes den som stifter eller deltager i en Forening, der ved Lov er forbudt, eller hvis Formaal er Forøvelse af eller Opmuntring til strafbare Handlinger, eller hvis Medlemmer forpligter sig til ubetinget Lydighed mod nogen.

Er Foreningens Formaal at forøve eller opmuntre til Forbrydelser, kan Fængsel indtil 6 Maaneder anvendes.

§ 331. (Opphevet ved lov 18 aug 1914 nr. 3.)

§ 332. Med Bøder eller med Fængsel indtil 3 Maaneder straffes den, som uden offentlig Bemyndigelse eller Tilladelse udøver en Virksomhed, til hvilken saadan kræves, eller overskrider Grænserne for den ham meddelte Bemyndigelse eller Tilladelse eller vedbliver at udøve en Virksomhed, hvortil

Retten er ham frakjendt ved endelig Dom.

Paa samme Maade straffes den, som under Udøvelsen af en Virksomhed falskelig udgiver sig for dertil at have offentlig Bemyndigelse eller tillægger sig en Benævnelse, der sædvansmæssig alene anvendes paa den, der har offentlig Bemyndigelse.

Med Bøder straffes den, der giver offentlig Forestilling eller lignende uden Øvrighedens Tilladelse, hvor saadan er fornøden.

§ 333. Med Bøder eller med Fængsel indtil 3 Maaneder straffes den, som for et Stevnevidne, en Polititjenestemand eller iøvrigt for nogen offentlig Myndighed negter at opgive Navn, Fødselsdato, Fødselsaar, Stilling eller Bopæl, naar Oplysning derom i den offentlige Tjenestes Medfør begjæres, eller som i saadant Tilfælde for eget eller andres Vedkommende opgiver falsk Navn, Fødselsdato, Fødselsaar, Stilling eller Bopæl, eller som medvirker til saadan Negtelse eller falsk Opgave.

§ 334. Med bøter straffes den, som undlater at føre lovbefalt fortegnelse over personer, som han gjør sig en næringsvei av at motta i natteherberge, eller som undlater at indføre overensstemmende med gjældende forskrifter i fortegnelsen eller i en lovbefalt opgave nogen saadan person, eller som undlater paa forlangende av øvrigheten at fremlægge fortegnelsen.

Paa samme maate straffes den, som bevirker eller medvirker til, at der for hans vedkommende ikke sker indførsel i fortegnelsen eller ikke blir avgit opgave eller melding, eller til, at oplysningene i noget punkt blir ufuldstændige eller urigtige.

§ 335. Med Bøder straffes den, som gjør sig en Næringsvei af at bistaa tjenestesøgende med Forskaffelse af Pladse eller Udvandrere med Forskaffelse af Befordring til Udlandet, naar han undlader at føre en Fortegnelse over de af ham saaledes bistaaede Personer i Overensstemmelse med af Kongen givne nærmere Regler, eller naar han negter for Øvrigheden at fremlægge Fortegnelsen.

§ 336. Med Bøder straffes Pantelaaner eller Bestyrer af Pantelaanerforretning der trods Øvrighedens Paalæg

1. undlader at føre en af Politiet godkjendt Fortegnelse over de pantsatte Gjenstande med Anførsel af Pantsætterens fulde Navn, Stilling og Bopæl, Laanets og Rentens Størrelse og Forfaldstid, eller

2. retsstridig vægrer sig for at udlevere nogen hos ham forefunden Gjenstand i Tilfælde hvor der ingen Grund er til at betvile, at den er fravendt nogen ved en strafbar Handling.

Med Bøder eller med Fængsel indtil 6 Maaneder straffes den Pantelaaner eller Pantelaaners Medhjælper, som gjør urigtig Indførelse i Fortegnelsen eller skjuler eller negter at forevise for Politiet denne eller nogen pantsat Gjenstand eller giver urigtig eller ufuldstændig Meddelelse om en saadan eller medvirker hertil.

Hvad oven er bestemt, finder tilsvarende Anvendelse paa den, der som Næringsvei driver Kjøb mod Gjenløsningsret eller Handel med brugte Gjenstande.

§ 337. Med bøter straffes den som for seg selv eller sine barn bruker navn i strid med lov.

Offentlig påtale finner bare sted når allmenne hensyn krever det.

§ 338. Den som inngår ekteskap med tilsidesetting av de gjeldende bestemmelser om prøving av ekteskapsvilkårene, dispensasjon eller andre lovbestemte betingelser, eller som medvirker hertil, straffes med bøter.

§ 339. Med Bøder straffes den, som

1. undlader at afgive lovbefalet Anmeldelse eller lovbefalede Oplysninger til offentlig Myndighed, eller

2. overtræder nogen af offentlig Myndighed i Henhold til Lov og under Trusel med Straf given Forskrift.

§ 340. Med Bøder eller med Fængsel indtil 3 Maaneder straffes den, som, efter at have fundet et bortkommet eller forladt Barn eller taget til sig et Barn, som er gaaet vild, undlader snarest muligt at gjøre Anmeldelse derom enten for Barnets foresatte eller for Politiet, eller som medvirker hertil.

§ 341. Med Bøder straffes den, som overtræder de angaaende Begravelser eller forøvrigt angaaende Behandling af Lig gjældende Regler.

På samme måte straffes den som finner et lik og unnlater straks å underrette den dødes pårørende eller politiet.

Med Bøder eller med Fængsel indtil 6 Maaneder straffes den, som retsstridig eller hemmelig enten tilintetgjør Liget af nogen død eller dødfødt eller bringer det tilside, saaledes at det unddrages fra betimelig Undersøgelse eller som vægrer sig ved for Øvrigheden at opgive, hvor der er blevet af et Barn eller en anden hjælpeløs Person, som han har havt i sin Varetægt, eller som medvirker hertil.

Som dødfødt er det Foster at anse, der er saa udviklet, at det, om det var født levende, kunde have bevaret selvstændigt Liv.

§ 342. Med bøter eller fengsel inntil 6 måneder eller begge deler straffes den som

a) etter å ha vært utvist av riket, uten tillatelse igjen innfinner seg her,

b) ved dom er forvist til eller fra bestemte deler av riket og som rettsstridig igjen oppholder seg på et sted der dette er forbudt for vedkommende, eller som på annen måte bryter kontaktforbud i medhold av straffeloven § 33,

c) krenker forbud etter straffeprosessloven §§ 222a eller 222b, eller

d) forsettlig eller grovt uaktsomt hindrer at elektronisk kontroll i medhold av straffeloven § 33 kan iverksettes eller hindrer pågående kontroll.

Overtredelse av bokstav a, b eller c kan straffes med fengsel inntil 2 år dersom han tidligere er straffet for en slik forseelse.

Medvirkning straffes på samme måte. Forsøk er straffbart.

§ 343. Med bøter eller med fengsel inntil 4 måneder straffes den, som ulovlig tilintetgjør, beskadiger, skjuler, bortfører eller avhender gods, hvori utlegg, hefte, arrest eller beslag er gjort, eller handler mot et lovformelig nedlagt forbud eller bryter eller beskadiger et av offentlig myndighet anbragt segl eller medvirker til det.

Med bøter straffes en arbeidsgiver eller annen person som tross pålegg fra en alminnelig eller særskilt namsmyndighet unnlater å foreta trekk for krav som nevnt i dekningsloven § 2-8 første ledd bokstav a til d, eller tross pålegg unnlater å betale beløp som trukket for slike krav slik det er bestemt, såfremt forholdet ikke går inn under en strengere straffebestemmelse.

Offentlig påtale finner bare sted etter fornærmedes begjæring.

§ 344. Med Bøder eller med Fængsel indtil 3 Maaneder straffes den, som, efter ved Rettens Hjælp at være udsat af fast Eiendom eller Skib, vægrer sig ved at forlade samme eller igjen sætter sig i Besiddelse deraf, eller som vedbliver at udøve en Ret, der er ham frakjendt ved endelig Dom, eller som medvirker til nogen saadan Forseelse. For den som vedblir å utøve en rett som vedkommende er frakjent, kan det i straffedommen gis slikt pålegg om sikkerhetsstillelse som følger av tvangsfullbyrdelsesloven § 13-14.

Offentlig Paatale finder alene Sted efter fornærmedes Begjæring.

§ 345. Den, som bevirker eller medvirker til, at opslaaede,

udlagte eller omsendte offentlige Kundgjørelser ulovlig ødelægges, borttages, gjøres ulæselige eller besudles, eller at Budstikker ikke i rette Tid forsendes, straffes med Bøder, men under særdeles skjærpende Omstændigheder eller i Gjentagelsestilfælde med Fængsel indtil 4 Maaneder.

§ 346. Den, som ulovlig sætter sig i Forbindelse med nogen i Fængsel, Tvangsarbeidsanstalt, Opdragelsesanstalt, Sindssygeasyl eller anden offentlig godkjendt Anstalt anbragt Person eller forskaffer ham Gjenstande af nogen Art, eller som medvirker hertil, straffes med Bøder.

Med Bøder eller med Fængsel indtil 3 Maaneder straffes den, som bevirker eller medvirker til, at nogen undviger eller uretmæssig borttages fra Anstalt eller andet Sted, hvor han af offentlig Myndighed maatte være anbragt.
35te Kapitel. Forseelser mod den almindelige Orden og Fred.

§ 347. Med Bøder straffes den overordnede, der forsætlig har undladt at hindre en i hans Tjeneste forøvet Forseelse, saafremt dette var ham muligt.

§ 348. (Opphevet ved lov 14 mars 2003 nr. 16 (i kraft 1 april 2003 iflg. res. 14 mars 2003 nr. 300).)

§ 349. Med bøter eller med fengsel inntil 3 måneder straffes den som ved ugrunnet rop om hjelp, misbruk av nødsignal eller liknende forsettlig eller uaktsomt volder skrekk blant et større antall mennesker, sammenstimling eller utrykning av politi, brannvesen, ambulanse, lege eller den væpnete makt, eller som medvirker hertil.

På samme måte straffes den som gir falske opplysninger som er skikket til å framkalle frykt for noens liv eller helbred eller alminnelig forbitrelse eller fare for den alminnelige fred og orden, eller som mot bedre vitende eller uten å ha rimelig grunn til å anse ryktet for sant, offentlig utbrer et falsk rykte som er skikket til å framkalle slik virkning, eller som medvirker hertil.

§ 349 a. Med bøter eller fengsel inntil 6 måneder straffes den som i ervervsmessig eller liknende virksomhet, på grunn av en persons religion eller livssyn, hudfarge eller nasjonale eller etniske opprinnelse nekter ham varer eller tjenester på de vilkår som gjelder for andre. På samme måte straffes den som i slik virksomhet nekter en person varer eller tjenester som nevnt på grunn av hans homofile legning, leveform eller orientering eller nedsatte funksjonsevne, såfremt nektelsen ikke skyldes manglende fysisk tilrettelegging.

På samme måte straffes den som av slik grunn som nevnt i første ledd, nekter en person adgang til offentlig forestilling eller oppvisning eller annen offentlig sammenkomst på de vilkår som gjelder for andre.

På samme vis straffes også den som tilskynder eller på annen måte medvirker til en handling som nevnt i første eller annet ledd.

§ 350. Den som ved slagsmål, støy eller annen utilbørlig atferd forstyrrer

a) den alminnelige fred og orden,

b) den lovlige ferdsel,

c) omgivelsenes nattero eller

d) omgivelsene på et sted hvor han uberettiget forblir tross pålegg om å fjerne seg,

straffes med bøter eller fengsel inntil to måneder.

På samme måte straffes den som i selvforskyldt rus forulemper eller volder fare for andre.

Medvirkning straffes på samme måte.

§ 351. Med Bøder eller med Fængsel indtil 3 Maaneder straffes den, som

1. ved uvorren Kjørsel, Ridning, Agning eller Seiling, eller

2. ved uforsigtig Henstillen af Gjenstande, eller

3. ved Stenkast, Udlæggelse af Fodangler eller Anbringelse af Gildre eller

4. ved Forsømmelse af paa betryggende Maade at indgjærde eller tildække Brønd, Udgravning eller Udsprængning, eller

5. ved Forsømmelse af at vedligeholde Bygning, Veilegeme, Bro eller Rækverk, eller

6. ved Undladelse af paabudne Sikkerhedsforanstaltninger, eller

7. ved Undladelse af at bøde eller anmelde Skade, som han selv har foraarsaget,

eller ved anden lignende Adfærd volder Fare for Færdselen paa offentligt Sted, eller som medvirker hertil.

Med Bøder straffes den, som paa saadan Maade som oven nævnt volder Fare for Færdselen paa Sted, der danner den lovlige Adkomst til Gaard, Hus eller Husleilighed, eller for Færdselen i Gaardsrum eller Have eller paa lignende Sted, hvortil flere har almindelig Adgang.

§ 352. Med Bøder eller med Fængsel indtil 3 Maaneder straffes den, som ved Forfærdigelse, Brug, Opbevaring eller Behandling af Sprængstoffe, Skydevaaben, Maskiner, Dampkjedler, elektriske Ledninger eller lignende Gjenstande gjør sig skyldig i uforsigtig Adfærd, egnet til at volde Fare for andres Liv eller Helbred, eller som medvirker hertil. Består overtredelsen i å skyte skarpe skudd med skytevåpen eller i å avfyre, antenne eller på annen måte bruke en eksplosiv vare, kan fengsel inntil 1 år anvendes.

Med bøter eller fengsel inntil 3 måneder straffes den, som volder Fare for Ildsvaade ved uforsigtig Omgang med Ild eller ildsfarlige Stoffe, eller som medvirker hertil, eller som overtræder de til Betryggelse mod Ildsvaade eller Sprængninger eller lignende ved Lov eller i Henhold til Lov givne Bestemmelser.

§ 352 a. Med bøter eller fengsel inntil 6 måneder eller begge deler straffes den som forsettlig eller grovt uaktsomt på offentlig sted bærer kniv eller et lignende skarpt redskap som er egnet til bruk ved legemskrenkelser. Medvirkning straffes på samme måte. Forbudet gjelder ikke kniv eller annet redskap som brukes til eller bæres i forbindelse med arbeid, friluftsliv eller annet aktverdig formål.

§ 353. Med Bøder straffes den, som begiver sig hen paa Sted, hvortil Adgangen af Øvrigheden er forbudt, eller medvirker hertil.

§ 354. Med bøter eller med fengsel inntil 3 måneder straffes den, som volder fare

1. ved å forsømme sin bevoktningsplikt like overfor nogen sinnssyk eller ved å undlate å anmelde for politiet at en sinnssyk, som han har til forpleining eller under bevoktning, er rømt,

2. ved rettsstridig å hisse, tirre eller skremme dyr eller ved å medvirke hertil,

3. ved ulovlig å holde farlige dyr eller ved ikke på forsvarlig måte å sørge for uskadeliggjørelsen av farlige dyr, der er i hans besiddelse, eller

4. ved i tilfelle av at et farlig dyr er brutt løs fra ham, å undlate å anmelde dette for politiet og i øvrig å foreta, hvad der står i hans makt for å forebygge ulykke.

§ 355. Med bøter eller med fengsel inntil 3 måneder straffes den som uberettiget enten sniker sig eller tross forbud trenger sig inn i hus, fartøy, jernbanevogn, motorvogn eller luftfartøy eller noe rom i sådanne eller annet tillukket sted eller tross tilhold om å fjerne sig uberettiget forblir på et sådant sted, eller som medvirker hertil.

Med Bøder straffes den, som uberettiget tager Ophold paa et Sted, som er i andens Besiddelse, og trods Tilhold om at fjerne sig forbliver sammesteds.

Offentlig Paatale finder alene Sted efter fornærmedes Begjæring, eller hvor det kræves af almene Hensyn.

§ 356. Med Bøder straffes den, som uden Begjæring af nogen Vedkommende forfærdiger eller afhænder Nøgel til fremmed Laas, eller som forfærdiger eller overlader Dirik til nogen, som ikke har lovlig Brug derfor, eller som medvirker hertil.

Har han handlet med Formodning om, at nogen strafbar Handling tilsigtedes, kan Fængsel indtil 6 Maaneder anvendes. 36te Kapitel. Forseelser med Hensyn til den almindelige Sundhed.

§ 357. Med Bøder eller med Fængsel indtil 3 Maaneder straffes den, som overtræder de her i Riget ved Lov eller i Henhold til Lov givne Forskrifter, sigtende til Forebyggelse eller Modarbeidelse af smitsomme Sygdomme eller til den almindelige Sundheds Beskyttelse.

Det samme gjelder den som overtrer vedtak truffet i medhold av lov om vern mot smittsomme sykdommer. Overtredelse av smittevernloven § 5-1 straffes likevel ikke.

§ 358. (Opphevet ved lov 5 aug 1994 nr. 55.)

§ 359. Med Bøder eller med Fængsel indtil 3 Maaneder

straffes den, som forsætlig eller af Uagtsomhed falholder

1. som Næringsmidler for Mennesker eller Dyr eller som Nydelsesmidler Gjenstande, der paa Grund af Forfalskning, Umodenhed, Bedærvethed, slet Tilberedelse eller Opbevaringsmaade eller af andre Grunde er skadelige for Sundheden, eller

2. Beklædningsgjenstande, Tøier, Tapeter, Legetøi, til Tilberedelse eller Opbevaring af Næringsmidler bestemte Husgeraad eller Redskaber eller lignende Gjenstande indeholdende Stoffe, der gjør dem skadelige for Sundheden.

Paa samme Maade straffes den, som under en som Næringsvei dreven Virksomhed forfærdiger eller frembringer deslige Gjenstande.

§ 360. Med Bøder eller med fængsel indtil 4 Maaneder straffes den, som forsætlig eller af Uagtsomhed falholder eller afhænder noget Lægemiddel, der paa Grund af Bestanddelenes Slethed, urigtig Tilvirkning eller af lignende Grunde er skadeligt for Sundheden eller ikke i tilbørlig Grad besidder de for samme Lægemiddel eiendommelige Egenskaber.

§ 361. Med Bøder straffes den, som overtræder de her i Riget givne Forskrifter angaaende Tilvirkning, Forhandling eller Opbevaring af Lægemidler eller Gift eller andre sundhedsfarlige Stoffe.

§ 362. Med Bøder straffes den der forsætlig eller af Uagtsomhed

1. falholder som ægte og uforfalsket noget Næringsmiddel for Mennesker eller Dyr eller noget Nydelsesmiddel, der er eftergjort eller forringet i Værdi ved Borttagelse af det tilhørende eller Tilsætning af fremmede Stoffe, eller

2. forfærdiger saadant Nærings- eller Nydelsesmiddel, eller Stoffe, bestemte til Forfærdigelse af samme, i Hensigt at falholde eller lade det falholde som ægte og uforfalsket.

§ 363. Med Bøder straffes den, som falholder kunstig tilberedte Næringsmidler for Mennesker eller Dyr eller Nydelsesmidler under Navne eller Betegnelser, som i Handel og Vandel alene tillægges de naturlige, eller naturlige Nærings- eller Nydelsesmidler under Navne eller Betegnelser, som i Handel og Vandel alene tillægges andre Arter.

§ 364. Med Bøder eller med Fængsel indtil 3 Maaneder straffes den, som anvender noget Middel eller nogen Fremgangsmaade, hvorved en anden med sit Samtykke hensættes i hypnotisk Tilstand eller i Afmagt, Bevidstløshed eller lignende Tilstande.

Denne bestemmelse er ikke til hinder for, at en læge eller en psykolog benytter hensettelse i sådan tilstand i videnskabelige øiemed eller ved sygebehandling.

§ 365. Med Bøder eller med Fængsel indtil 3 Maaneder straffes den, som overtræder de Forskrifter, der her i Riget lovlig er givne til Betryggelse af Sundheden eller Sikkerheden i Fabriker, Gruber, paa Jernbaner eller Skibe, i Teatre, ved akrobatiske Øvelser eller lignende, i Gjæstgiverier eller paa andre Samlingssteder.

§ 366. (Opphevet ved lov 26 jan 1973 nr. 2.)

37te Kapitel. Forseelser mod den almindelige Tillid.

§ 367. Med Bøder eller med Fængsel indtil 3 Maaneder straffes den, som eftergjør eller uden behørig Bemyndigelse forfærdiger i Ind- eller Udlandet gangbare Penge eller noget Dokument af den i § 178 omhandlede Art eller Redskab eller anden Gjenstand, der tilkjendegiver sig som bestemt til Forfærdigelse heraf, eller som medvirker hertil.

§ 368. Med Bøder eller med Fængsel indtil 3 Maaneder straffes den, som uden behørig Bemyndigelse forfærdiger inden- eller udenlandsk offentligt Segl, Stempel eller Merke, Stempelpapir, Stempelmerke eller Postfrimerke eller lignende, eller som medvirker hertil.

§ 369. Med Bøder straffes den, som blandt Almenheden udspreder Gjenstande, der er saa lige noget Slags inden- eller udenlandsk Mynt, Pengeseddel, Stempelmerke eller Postfrimerke eller Dokument af den i § 178 omhandlede Art, at Forveksling let kan finde Sted, eller som medvirker hertil.

§ 370. Med bøter straffes den, som med hensyn til gjenstande, der falholdes, offentliggjør eller paa anden maate utbreder urigtige angivelser angaaende disses sammensætning eller industrielle retsbeskyttelse eller prisbelønninger, eller som offentliggjør eller utbreder betegnelser eller angivelser, som er egnet til i saa henseende at føre bak lyset. Det samme gjælder om den, der paa gjenstande, som er bestemt til falholdelse eller paa disses indpakning uberettiget anbringer noget merke, som vækker formodning om, at gjenstandene nyder industriel retsbeskyttelse, eller som falholder gjenstande, som er saaledes merket.

§ 371. Med Bøder eller med Fængsel indtil 6 Maaneder straffes den, som i retsstridig Hensigt udgiver eller paa anden Maade benytter som ægte eller uforvansket en eftergjort eller forvansket skriftlig eller trykt Udtalelse, der fremtræder som umiddelbart hidrørende fra en bestemt Person, eller som medvirker hertil.

Offentlig Paatale finder alene Sted efter fornærmedes Begjæring, eller hvor det findes paakrævet af almene Hensyn.

§ 372. Med bøter eller med fengsel inntil 3 måneder straffes den, som for å føre andre bak lyset angående omstendigheter av betydning for rettsforhold eller foretagelsen av rettshandler utsteder en skriftlig bevitnelse, der inneholder usannhet.

Med bøter eller med fengsel inntil 5 måneder straffes den, som i hensikt å tilvende seg eller andre en fordel eller å skade noen, løgnaktig utgir seg eller en annen for en i en bevitnelse, et personpass eller et liknende legitimasjonspapir omhandlet person eller på annen måte benytter et slikt dokument, eller som medvirker hertil.

Den som overlater til en annen et slikt legitimasjonspapir som er utferdiget til ham, skjønt han vet eller bør forstå at det vil bli brukt uberettiget, eller som medvirker hertil, straffes med bøter eller med fengsel inntil 3 måneder.

§ 373. Med Bøder eller med Fængsel indtil 3 Maaneder straffes den, som i et Bo eller i et Foretagende, hvor Afgjørelse træffes ved Stemmeflerhed,

1. tilsniger sig Adgang til uberettiget at deltage i Afstemning eller til at afgive flere Stemmer, end der tilkommer ham, eller medvirker hertil, eller

2. bevirker eller medvirker til, at Udfaldet af en Afstemning forvanskes.

§ 374. (Opphevet ved lov 21 des 1979 nr. 73.)
§ 375. Opphevet ved lov 3 sep 2010 nr. 52 (ikr. 1 jan 2011 iflg. res. 3 sep 2010 nr. 1248).

38te Kapitel. Forseelser mod Sædelighed.

§§ 376-378. (Opphevet ved lov 11 aug 2000 nr. 76.)
§ 379. (Opphevet ved lov 21 april 1972 nr. 18.)
§§ 380-381. (Opphevet ved lov 11 aug 2000 nr. 76.)

§ 382. Med bøter eller med fengsel inntil 6 måneder eller med begge deler straffes den som utgir eller frambyr til salg eller leie eller på annen måte søker å utbre film, videogram eller lignende der det i underholdningsøyemed er gjort utilbørlig bruk av grove voldsskildringer.

Det samme gjelder den som gjør slik bruk av grove voldsskildringer ved offentlig framvisning, herunder i fjernsynssending eller i formidling av slik sending her i riket. Straffansvaret omfatter likevel ikke den som bare har deltatt i den tekniske virksomhet i tilknytning til sendingen eller formidlingen.

Medvirkning straffes på samme måte. Uaktsomhet straffes likt med forsett.

Paragrafen gjelder ikke for film og videogram som Medietilsynet ved forhåndskontroll har godkjent til framvisning eller omsetning i næring. Paragrafen gjelder heller ikke for framvisning av film og videogram til personer over 18 år:

a) i regi av en ikke-kommersiell filmklubb, eller,

b) når framvisningen skjer utenfor næring og etter tilatelse fra stedlig politi.

§ 383. Den, som paa offentligt Sted foranstalter eller yder Husrum til Lykkespil, straffes med Bøder eller med Fængsel indtil 3 Maaneder.

Den, som paa saadant Sted deltager i Lykkespil, straffes med Bøder.

Istedetfor Inddragning af det vundne Udbytte kan Retten bestemme sammes Tilbagebetaling.

Som offentligt Sted betragtes ogsaa sluttede Foreningers Lokaler, naar enten Lykkespil indgaar i Foreningens Formaal, eller som Regel enhver eller enhver af en vis Stand, Næringsvei eller lignende kan opnaa Optagelse der, eller der erlægges særlig Betaling for Deltagelsen i Spillet.

39te Kapitel. Forseelser mod person.

§ 384. Med Bøder eller med Fængsel indtil 6 Maaneder straffes den, som deltager i eller medvirker til et Slagsmaal, under hvilket nogens Død eller betydelig Skade paa Legeme eller Helbred forvoldes. Dog er han straffri, saafremt det gjøres sandsynligt, at han mod sin Vilje er inddraget i Slagsmaalet, eller at han har blandet sig deri for at beskytte nogen mod Overlast eller for at opnaa dets Afslutning.

§ 385. Med bøter eller fengsel inntil 6 måneder eller begge deler straffes den som under slagsmål griper til kniv eller annet særlig farlig redskap.

§ 386. (Opphevet ved lov 25 feb 1972 nr. 3.)

§ 387. Med Bøder eller med Fængsel indtil 3 Maaneder straffes den, som undlader, uagtet det var ham muligt uden særlig Fare eller Opofrelse for ham selv eller andre,

1. efter Evne at hjælpe den, der er i øiensynlig og overhængende Livsfare, eller

2. gjennem betimelig Anmeldelse for vedkommende Myndighed eller paa anden Maade efter Evne at afverge Ildsvaade, Oversvømmelse, Sprængning eller lignende Ulykke, der medfører Fare for Menneskeliv.

Saafremt paa Grund af Forseelsen nogen omkommer, kan Fængsel indtil 6 Maaneder anvendes.

§ 388. Med Bøder eller med Fængsel indtil 3 Maaneder straffes Forældre, Husbondsfolk og andre i lignende Stilling, som undlader at yde nogen til deres Husstand hørende Kvinde den i Anledning af hendes Svangerskab eller Nedkomst fornødne Hjælp med den Følge, at hun hensættes i en nødlidende eller hjælpeløs Tilstand, hvorunder hun forøver en Forbrydelse, rettet mod Fosterets eller Barnets Liv, eller ved hvilken dette udsættes for Fare.

§ 389. Med Bøder eller med Fængsel indtil 3 Maaneder straffes de i foregaaende Paragraf nævnte Personer, naar de, med Kundskab eller bestemt Formodning om, at nogen til deres Husstand hørende Kvinde hemmeligholder sit Svangerskab, undlader herom at henvende sig til hende og derved bidrager til, at hun forøver saadan Forbrydelse som i foregaaende Paragraf nævnt.

§ 390. Med bøter eller fengsel inntil 3 måneder straffes den som krenker privatlivets fred ved å gi offentlig meddelelse om personlige eller huslige forhold.

§§ 250 og 254 får tilsvarende anvendelse.

Er forseelsen forøvet i trykt skrift, kan inndragning besluttes i samsvar med § 38.

Offentlig påtale finner bare sted når det begjæres av fornærmede og finnes påkrevet av almene hensyn.

§ 390 a. Den som ved skremmende eller plagsom opptreden eller annen hensynsløs atferd krenker en annens fred eller som medvirker hertil straffes med bøter eller fengsel inntil 2 år.

Offentlig påtale finner bare sted når det begjæres av fornærmede og finnes påkrevet av almene hensyn.

§ 390 b. (Opphevet ved lov 14 april 2000 nr. 31 (i kraft 1 jan 2001 iflg. res. 30 juni 2000 nr. 641).

40de Kapitel. Forseelser mod Formuesrettigheder.

§ 391. Den som øver eller medvirker til skadeverk som nevnt i § 291, straffes med bøter eller med fengsel inntil 3 måneder såfremt den voldte skade er liten.

På samme måte straffes den som tilsmusser eller besudler en gjenstand eller medvirker hertil.

Uaktsomt skadeverk av det slag som er nevnt i § 292, straffes med bøter eller med fengsel inntil 3 måneder, men inntil 6 måneder såfremt uaktsomheten er grov eller skaden er øvd på grenseskjel mot naborike.

§ 391 a. For naskeri straffes den som forøver eller medvirker til tyveri eller underslag, når straffskylden må regnes for liten på grunn av de tilvendte gjenstanders ubetydelige verdier og forholdene for øvrig.

Straffen for naskeri er bøter eller fengsel inntil 6 måneder eller begge deler.

På samme måte straffes den som forøver eller medvirker til heleri, bedrageri eller overtredelse av § 262 under omstendigheter som nevnt i første ledd.

§ 392. Den, som retsstridig sætter sig eller andre i Besiddelse af nogen Løsøregjenstand eller medvirker hertil, straffes med Bøder, men, hvis Gjenstandens Værdi overstiger 10 Kroner, med Bøder eller med Fængsel indtil 3 Maaneder.

Har den skyldige handlet i Hensigt at gjøre en virkelig eller formentlig Ret gjældende, kommer ikke høiere Straf end Bøder til Anvendelse. Under særdeles formildende Omstændigheder kan Straf bortfalde.

§ 393. Med Bøder straffes den, som retsstridig bruger eller forføier over Løsøregjenstand, der tilhører en anden, saaledes at den berettigede derved paaføres Tab eller Uleilighed, eller som medvirker hertil.

§ 394. Den som ulovlig tilegner seg hittegods, straffes med bøter eller med fengsel inntil 6 måneder.

Den som ulovlig unnlater å anmelde en funnet gjenstand til politiet eller å innlevere den til politiet eller andre som etter bestemmelse i lov skal ta vare på den, straffes med bøter.

Under særdeles formildende omstendigheter kan straff etter første og annet ledd falle bort.

§ 395. Med Bøder eller med Fængsel indtil 3 Maaneder straffes den, som retsstridig sætter sig eller andre i Besiddelse af fast Eiendom, eller som medvirker hertil.

§ 392, siste Led, finder tilsvarende Anvendelse.

§ 396. Med Bøder eller med Fængsel indtil 3 Maaneder straffes den, som uden Berettigelse bygger paa, graver, sprænger, saar eller planter i, lægger Vei eller Gangsti over eller driver Husdyr ind paa Grund i andens Besiddelse, eller som retsstridig til den berettigedes Skade eller mod dennes Forbud øver anden Raadighed over fast Eiendom i andens Besiddelse, eller som medvirker hertil.

Udslettedes ved den udøvede Raadighed noget Grænsemerke, kan Fængsel indtil 6 Maaneder anvendes.

§ 397. Med Bøder eller med Fængsel indtil 3 Maaneder straffes den, som overskrider sin Ret ligeoverfor medberettigede ved at udøve nogen ham over en fast Eiendom tilkommende Raadighed i videre Udstrækning eller paa anden Maade end lovligt, eller som medvirker hertil.

§ 398. (Opphevet ved lov 24 nov 2000 nr. 82 (i kraft 1 jan 2001 iflg. res. 24 nov 2000 nr. 1169).
§ 399. (Opphevet ved lov 16. september 2011 nr. 41 i kraft 1. jan. 2012.)
§ 400. (Opphevet ved lov 16. september 2011 nr. 41 i kraft 1. jan. 2012.)

§ 401. Med Bøder eller med Fængsel indtil 4 Maaneder straffes den, som, i Hensigt at forskaffe sig eller andre en uberettiget Vinding, ved Fremkaldelse af falske Forestillinger, ved Gaver eller lignende søger at afholde eller hindre andre fra at byde med ved offentligt Kjøb eller Salg, eller som medvirker hertil.

§ 402. Med bøter eller med fengsel inntil 3 måneder straffes den som med fortielse av å være ute av stand til å betale eller stille sikkerhet, tar opphold eller nyter spise, drikke eller lignende på hoteller, herberger, gjestgiverier, pensjonater, bevertningssteder eller andre slike steder, hvor det er forutsetningen at betalingen erlegges før bortgangen eller fraflyttelsen, eller benytter andres arbeid eller ting under forhold der den samme forutsetning gjelder, eller som medvirker hertil.

På samme måte straffes den som i noe tilfelle som nevnt, rettsstridig begir seg bort uten å betale eller stille sikkerhet, skjønt han er i stand til dette, eller som medvirker hertil.

Straff etter denne paragraf kommer ikke til anvendelse ved handling som går inn under § 270 eller § 271.

§ 403. Med Bøder eller med Fængsel indtil 3 Maaneder straffes den, som uden Erlæggelse af den fastsatte Betaling søger at tilsnige sig Adgang til Forestilling, Udstilling eller Forsamling i omsluttede Rum eller Reise med Skib, Jernbane eller lignende, eller som medvirker hertil.

§ 404. Har nogen, hvem Forvaltningen eller Opbevarelsen af anden tilhørende Penge eller Værdipapirer er betroet, trods Forbud sammenblandet dem med egne Midler, eller har han paa anden Maade handlet mod gyldig fastsatte Regler, straffes han med Bøder eller med Fængsel indtil 6 Maaneder.

§ 405. Den, som i Tilfælde, hvor en Vares Pris eller Vederlaget for et Arbeide eller en Ydelse er gyldig fastsat af nogen offentlig Myndighed, fordrer eller modtager som Betaling mere end det fastsatte, straffes med Bøder, men i Gjentagelsestilfælde med Bøder eller med Fængsel indtil 3 Maaneder.

Paa samme Maade straffes den, som i en Overenskomst betinger sig nogen Fordel, som det er forbudt at aftale.

§ 405 a. Med bøter eller fengsel inntil 3 måneder straffes den som på urimelig måte skaffer seg eller søker å skaffe seg kunnskap om eller rådighet over en bedriftshemmelighet.

§ 405 b. (Opphevet ved lov 4 juli 2003 nr. 79.)

§ 406. Retsstridige Handlinger, hvorved nogen søger at unddrage sig eller andre offentlige Skatter eller Afgifter, bliver, forsaavidt ikke strengere Straf derfor er bestemt, at straffe med Bøder og i Gjentagelsestilfælde med Bøder eller med Fængsel indtil 4 Maaneder.

I ethvert Tilfælde kommer § 34 til Anvendelse, dog saaledes, at Beløbet tilfalder den offentlige Kasse, hvortil Skatten eller Afgiften skulde været erlagt.

Saadanne Handlinger ligeoverfor fremmede Stater kan under Betingelse af Gjensidighed efter Kongens nærmere Bestemmelse straffes med Bøder.

§ 407. Den, som krænker andens Ret ved at fiske, jage, sætte Fangstredskaber for, fange eller dræbe Dyr, som ikke er i nogens Eie, straffes med Bøder.

§ 408. De forseelser som er omhandlet i §§ 391 a, 395, 396, 398, 402, 403, 404, 405 a, 405 b og 407, påtales ikke av det offentlige uten fornærmedes begjæring.

Dog blir forseelser etter § 391 a og etter § 404 alltid å påtale av det offentlige, når det finnes påkrevd av allmenne hensyn.

De i §§ 391, 392, 393, 397 og 399 omhandlede Forseelser paatales ikke af det offentlige, medmindre det begjæres af nogen fornærmet og findes paakrævet af almene Hensyn.

41de Kapitel. Forseelser med Hensyn til privat Tjenesteforhold.

§ 409. Den, som uden lovlig eller antagelig Grund undlader at tiltræde eller forlader en Tjeneste, hvortil han har forpligtet sig, eller som medvirker hertil, straffes med Bøder.

Hvis Forskud er modtaget uden at være optjent eller tilbagebetalt, eller hvis iøvrigt særdeles skjærpende Omstændigheder foreligger, kan Fængsel indtil 3 Maaneder anvendes.

§ 410. Den, som retsstridig negter at modtage nogen i eller afskediger nogen fra sin Tjeneste, straffes med Bøder.

§ 411. Den, som retsstridig negter den til Tjeneste antagne Optagelse i sit Hus eller bortviser ham fra dette og derved udsætter ham for Fare eller særlig Forlegenhed, straffes med

Bøder eller Fængsel indtil 3 Maaneder.

Var der lovlig Grund til uden Tidsfrist at ophæve Tjenesteforholdet, men Negtelsen af Optagelse eller Bortvisningen dog efter Omstændighederne maa ansees i høi Grad utidig, anvendes Bøder.

§ 412. Misligholder den til Tjeneste antagne ved ulovlig Udeblivelse eller ved Vægring af at udføre ham paahvilende Arbeide sin Pligt, eller udviser en tjenestepligtig, der er optaget i Tjenestegiverens Husstand, iøvrigt et særlig slet Forhold, straffes han med Bøder.

Paa samme Maade straffes Tjenestegiver, der vegrer sig ved til rette Tid at betale den tjenestepligtige Løn eller andre skyldige Ydelser eller undlater at meddele ham Bevidnelse, hvorpaa han ifølge Loven har Krav, eller som iøvrigt ligeoverfor en i hans Husstand optagen tjenestepligtig gjør sig skyldig i særlig slet Forhold.

§ 413. De i nærværende Kapitel nævnte Forseelser paatales ikke af det offentlige uden efter Begjæring af nogen fornærmet.

42de Kapitel. Forseelser i Sjøfartsforhold.

§ 414. Hvis noen overtrer det som i norsk lov eller med heimel i norsk lov er bestemt om legeundersøking og mønstring av skipsmannskaper, om hyrekontrakt og avregningsbok, om anmeldelse, frammøte eller forevisning av dokumenter for noen myndighet i sjøfartsforhold eller om plikt til å gi opplysning til slik myndighet, eller om avholdelse av bevisopptak, straffes han med bøter eller fengsel inntil 3 måneder.

På samme måte straffes den som unnlater å oppfylle meldeplikten i sjøloven § 475 første ledd, å fremlegge dokumentasjon i samsvar med sjøloven § 477 annet ledd, eller å etterkomme krav fra undersøkelsesmyndigheten etter sjøloven § 479 første ledd, eller som fjerner gjenstander i strid med sjøloven § 478.

§ 415. Unnlater fører av skip eller vakthavende styrmann i tilfelle av sammenstøt å gi det annet fartøys fører eller annen vedkommende for fartøyet opplysninger om skipets navn, heimstad, bestemmelsessted og stedet som det kommer fra, straffes han med bøter eller med fengsel inntil 3 måneder. På samme måte straffes han såfremt han uten rimelig grunn unnlater å gi de nevnte opplysninger når skipet ellers ved sin manøvrering volder skade på annet fartøy eller ombordværende personer eller gods.

§ 416. (Opphevet ved lov 16 feb 2007 nr. 9 (i kraft 1 juli 2007 iflg. res. 16 feb 2007 nr. 170).

§ 417. Fører av norsk skip straffes med bøter eller fengsel

inntil 3 måneder såfremt han

1. unnlater å iaktta det som i lov eller med heimel i lov er påbudt når forbrytelser begås av medfarende, eller

2. uten skjellig grunn unndrar seg for å ta med ombord personer for hvis transport norsk myndighet har å dra omsorg, eller

3. ikke retter seg etter avgjørelse som i tvist mellom ham og noen underordnet treffes av vedkommende myndighet og som er endelig eller foreløpig bindende for ham.

§ 418. Med bøter straffes den som forsettlig eller uaktsomt overtrer forskrifter gitt av Kongen om sjøfarten i norsk territorialfarvann. Foreligger skjerpende forhold, er straffen bøter eller fengsel inntil 3 måneder.

§ 419. Med bøter straffes den som

1. ikke iakttar det som i eller i medhold av norsk lov er fastsatt om registrering eller merking av skip eller annet fartøy eller om plikt til å ha forsikring eller om forbud mot bruk av fartøy som ikke er registrert, merket eller forsikret, eller

2. uberettiget anbringer, fjerner, endrer eller skjuler nasjonalitets- eller registreringsmerker på et registrert skip, eller

3. ikke etterkommer departementets pålegg om å oppnevne representant eller bestyrende reder i tilfelle som nevnt i sjøloven § 3.

På samme måte straffes den som overtrer det som i eller i medhold av sjømannslov av 30. mai 1975 nr. 18 eller lov 24. juni 1994 nr. 39 om sjøfarten er fastsatt om plikt til å ha til stede om bord skipspapirer samt avtrykk av lover, forskrifter og tariffavtaler.

§ 420. (Opphevet ved lov 16 feb 2007 nr. 9 (i kraft 1 juli 2007 iflg. res. 16 feb 2007 nr. 170).

§ 421. Den som forsettlig unnlater å tiltre eller forlater eller unnlater å vende tilbake til tjeneste ombord på skip, straffes med bøter eller fengsel inntil 3 måneder.

Når den skyldige burde forstå at betydelig formuestap ville bli voldt eller at det ville oppstå fare for skipet, er straffen bøter eller fengsel inntil 6 måneder.

Offentlig påtale av forseelse som nevnt i første ledd finner bare sted etter fornærmedes begjæring.

§ 422. (Opphevet ved lov 16 feb 2007 nr. 9 (i kraft 1 juli 2007 iflg. res. 16 feb 2007 nr. 170).

§ 423. Fører av skip som uberettiget driver fraktfart mellom steder på den norske kyst, straffes med bøter eller med fengsel inntil 3 måneder.

Fører av skip som uberettiget fører et norsk flagg eller annet norsk nasjonalitetsmerke, eller i norsk farvann fører noe flagg eller nasjonalitetsmerke som han ikke er berettiget til, straffes med bøter eller med fengsel inntil 1 år.

§ 424. (Opphevet ved lov 16 feb 2007 nr. 9 (i kraft 1 juli 2007 iflg. res. 16 feb 2007 nr. 170).

§ 425. Fører av skip som uten skjellig grunn foretar eller tilsteder andre å foreta noen handling, hvorved skip eller last utsettes for oppbringelse eller beslagleggelse, straffes med bøter eller med fengsel inntil 6 måneder.

På samme måte straffes enhver medfarende som uten tillatelse fra skipets fører foretar sådan handling som nevnt i første ledd.

Offentlig påtale finner bare sted etter fornærmedes begjæring.

§ 425 a. Med bøter eller fengsel inntil 3 måneder straffes den som forsettlig eller uaktsomt fører fartøy urettmessig inn i en sone som er opprettet for å beskytte midlertidige eller faste anlegg eller innretninger for undersøkelse etter eller utnytting, lagring eller transport av undersjøiske naturforekomster.

§ 426. Med bøter eller under særdeles skjerpende omstendigheter med fengsel inntil 3 måneder straffes underordnet på norsk skip:

1. når han unnlater å tiltre tjenesten i rett tid, går fra borde uten å ha rett til det eller ikke kommer tilbake i rett tid etter å ha vært i land,

2. når han forsømmer å melde forfall som hindrer ham i å komme ombord i rett tid,

3. når han volder skade eller fare ved forsømmelse i tjenesten,

4. når han ødsler bort proviant eller behandler den på annen utilbørlig måte,

5. når han lar uvedkommende holde seg skjult ombord eller mot forbud lar noen komme ombord,

6. når han ulovlig bringer sterke drikker eller annet ombord,

7. når han oppfører seg usømmelig mot en overordnet eller ikke etterkommer ordrer som han mottar i tjenesten, eller

8. når han innlater seg i slagsmål eller på annen måte gjør brudd på ordenen ombord.

Offentlig påtale finner bare sted etter begjæring fra skipets fører eller reder.

§ 427. (Opphevet ved lov 16 feb 2007 nr. 9 (i kraft 1 juli 2007 iflg. res. 16 feb 2007 nr. 170).)

43de Kapitel. Forseelser, forøvede ved trykt Skrift.

§ 428. Den, som undlader at angive sit Navn eller Foretaksnavn samt Trykkestedet paa et af ham trykt Skrift – med Undtagelse af Stemmesedler, Prisangivelser, Formularer og lignende – eller gjør en urigtig Angivelse, straffes med Bøder.

§ 429. Er det i et blad eller tidsskrift ikke angitt hvem som er redaktør, straffes redaktøren og forleggeren med bøter.

Er en annen person enn den virkelige redaktør angitt, straffes både denne og forleggeren med bøter eller fengsel inntil 3 måneder. På samme måte straffes også den som uriktig er angitt som redaktør, såfremt angivelsen er skjedd med hans samtykke.

§ 430. Med bøter straffes redaktøren av et blad eller tidsskrift, når han vegrer seg for å oppta uforandret en imøtegåelse av anførsler av faktisk art i bladet eller tidsskriftet, såfremt det innen 1 år forlanges av noen som anførslene umiddelbart vedkommer, og imøtegåelsen begrenser seg til anførsler av faktisk art og ikke inneholder noe straffbart. Redaktøren kan dessuten tilpliktes under løpende mulkt å oppta imøtegåelsen.

Vegring anses for å finne sted så fremt imøtegåelsen ikke er opptatt i det første eller annet nummer av bladet, for tidsskrifter det første nummer som ikke var ferdig til trykning da imøtegåelsen ble forlangt, på et like iøynefallende sted som det imøtegåtte og for øvrig på slik måte og med slikt utstyr som god presseskikk tilsier.

Offentlig Paatale finder alene Sted efter fornærmedes Begjæring.

§ 430 a. Med bøter straffes redaktøren når han, uaktet hans blad eller tidsskrift har inntatt eller gjengitt en ærekrenkelse og denne har foranlediget straff, mortifikasjon eller forlik, ikke på forlangende av den fornærmede inntar domsslutningen, domsgrunnene eller forliket uten vederlag og i spissen av bladet eller tidsskriftet. Det skal gjøres innen en uke efterat avskrift er mottatt eller om det ikke er mulig, i det første nummer eller hefte som derefter kommer ut. Forlangende om inntagelse må være fremsatt innen et år efter dommen eller forliket. Hvor det gjelder offentliggjørelse som har funnet sted senere enn dommen eller forliket, må forlangendet være fremsatt innen et år efter offentliggjørelsen.

Bestemmelsene i § 430 annet punktum får tilsvarende anvendelse.

Foranstående bestemmelser får tilsvarende anvendelse ved forbrytelse mot § 130.

Offentlig påtale finner bare sted efter fornærmedes begjæring.

§ 431. Redaktøren av et blad eller tidsskrift straffes med bøter eller fengsel inntil 3 måneder såfremt bladet eller tidsskriftet offentliggjør noe som ville ha pådradd redaktøren straffansvar etter noen annen lovbestemmelse om han hadde kjent innholdet. Dog er han straffri såfremt han godtgjør at det ikke kan legges ham noe til last med hensyn til kontroll med innholdet av skriftet eller tilsyn med eller rettledning eller instruks for hans stedfortreder, medarbeidere eller underordnede.

Når det foreligger særdeles skjerpende omstendigheter, kan fengsel inntil 6 måneder anvendes. Det kan dog ikke ilegges strengere straff enn etter den lovbestemmelse som ville ha vært anvendelig om redaktøren hadde kjent innholdet.

Ved offentliggjøring gjennom kringkastingssending får disse bestemmelser tilsvarende anvendelse for kringkastingssjef, programdirektør og ansvarlig leder for programavdeling eller distriktskontor.

Om påtalen gjelder det samme som om påtale av den lovovertredelse skriftet eller sendingen inneholder.

§ 432. Med bøter eller fengsel inntil 3 måneder straffes den som i trykt skrift forsettlig eller grovt uaktsomt gjengir eller medvirker til å gjengi retters forhandlinger eller forsettlig gjengir eller medvirker til å gjengi andre offentlige myndigheters forhandlinger slik at gjengivelsen av det som er uttalt eller foregått, på grunn av overdrivelser, utelatelser, tilføyelser, innskutte bemerkninger eller på annen måte fremtrer som grovt uriktig eller grovt misvisende.

Når det foreligger særdeles skjerpende omstendigheter, kan fengsel inntil 6 måneder anvendes.

Straffen kan falle bort når gjengivelsen er trykt i blad eller tidsskrift og blir beriktiget på fremtredende plass i bladet eller tidsskriftet snarest mulig etter at redaktøren er blitt kjent med den rette sammenheng. Var overtredelsen ikke forsettlig, kommer straff i så fall ikke til anvendelse.

§ 433. Den som opptrykker, falholder, frembyr til utleie eller søker alminnelig utbredt et trykt skrift som er erklært beslaglagt eller inndratt som stridende mot §§ 246-248, jfr. § 252, eller § 390, eller som på annet grunnlag er erklært beslaglagt eller inndratt for mindre enn 15 år siden, straffes med bøter eller fengsel inntil 3 måneder.

Påtale finner bare sted når allmenne hensyn krever det.

§ 434. Den, som undlader, saasnart Uddelingen eller Forsendelsen af et af ham udgivet offentligt Blad, Tidsskrift eller Flyveblad er begyndt, at tilstille Stedets Politi et Eksemplar, straffes med Bøder.

Denne Forskrift finder ikke Anvendelse paa Skrifter, som udelukkende Omhandler Videnskab, Kunst eller Næringsdrift eller indeholder Meddelelser fra offentlige Myndigheder.

§ 435. I de tilfelle som er omhandlet i § 433, skal skriftet alltid inndras overensstemmende med reglene i § 38. I de tilfelle som er omhandlet i §§ 428, 429 og 432 kan det samme besluttes.

Sak om inndragning etter første ledd første punktum reises bare når allmenne hensyn krever det.

§ 436. Ved redaktør av et blad eller tidsskrift forstås i dette kapitel den som treffer avgjørelse om skriftets innhold eller om en del av dette, enten han betegnes som redaktør eller som utgiver eller på annen måte.

•✦•

www.ingramcontent.com/pod-product-compliance
Lightning Source LLC
Chambersburg PA
CBHW060841170526
45158CB00001B/203